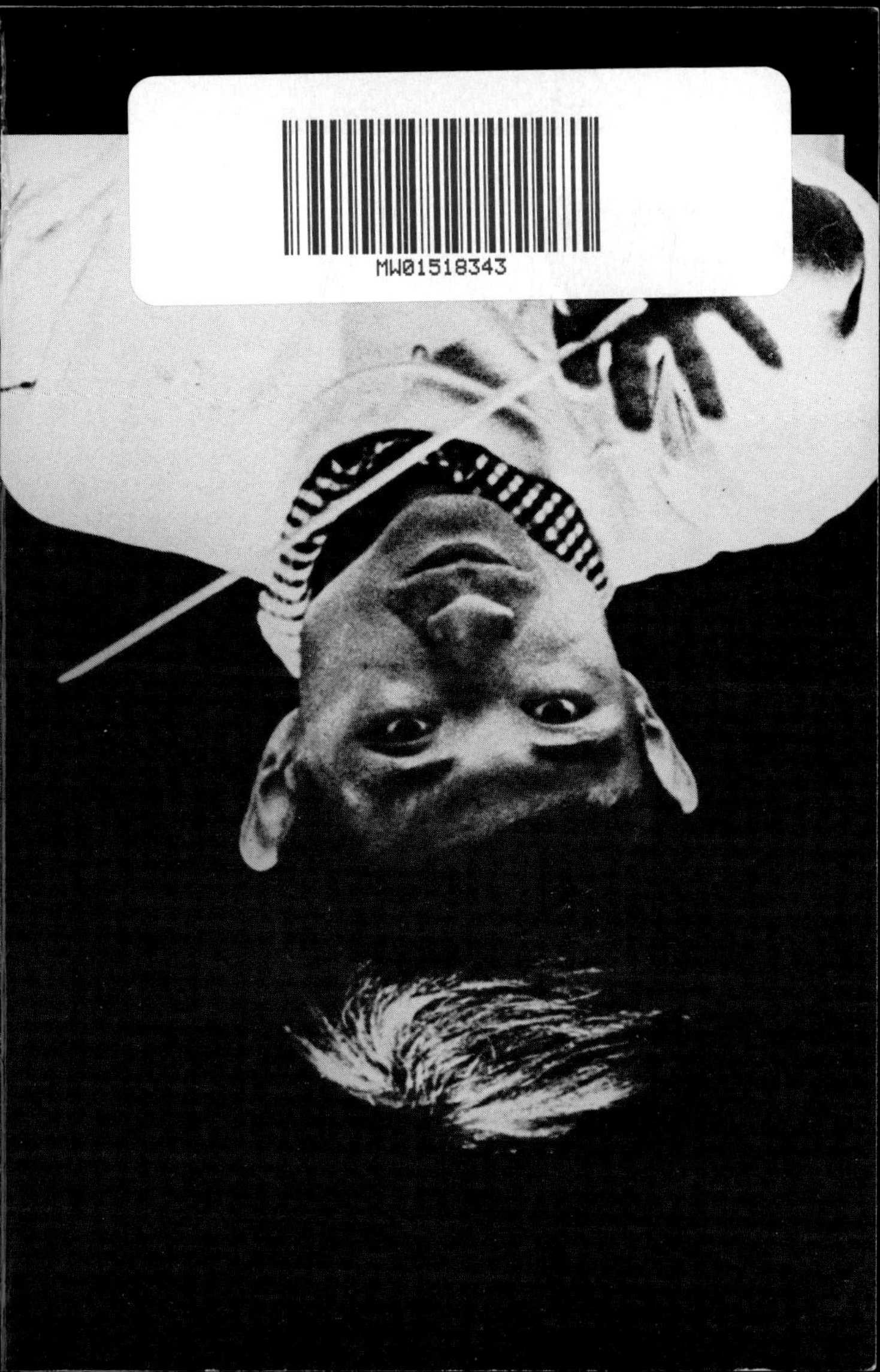

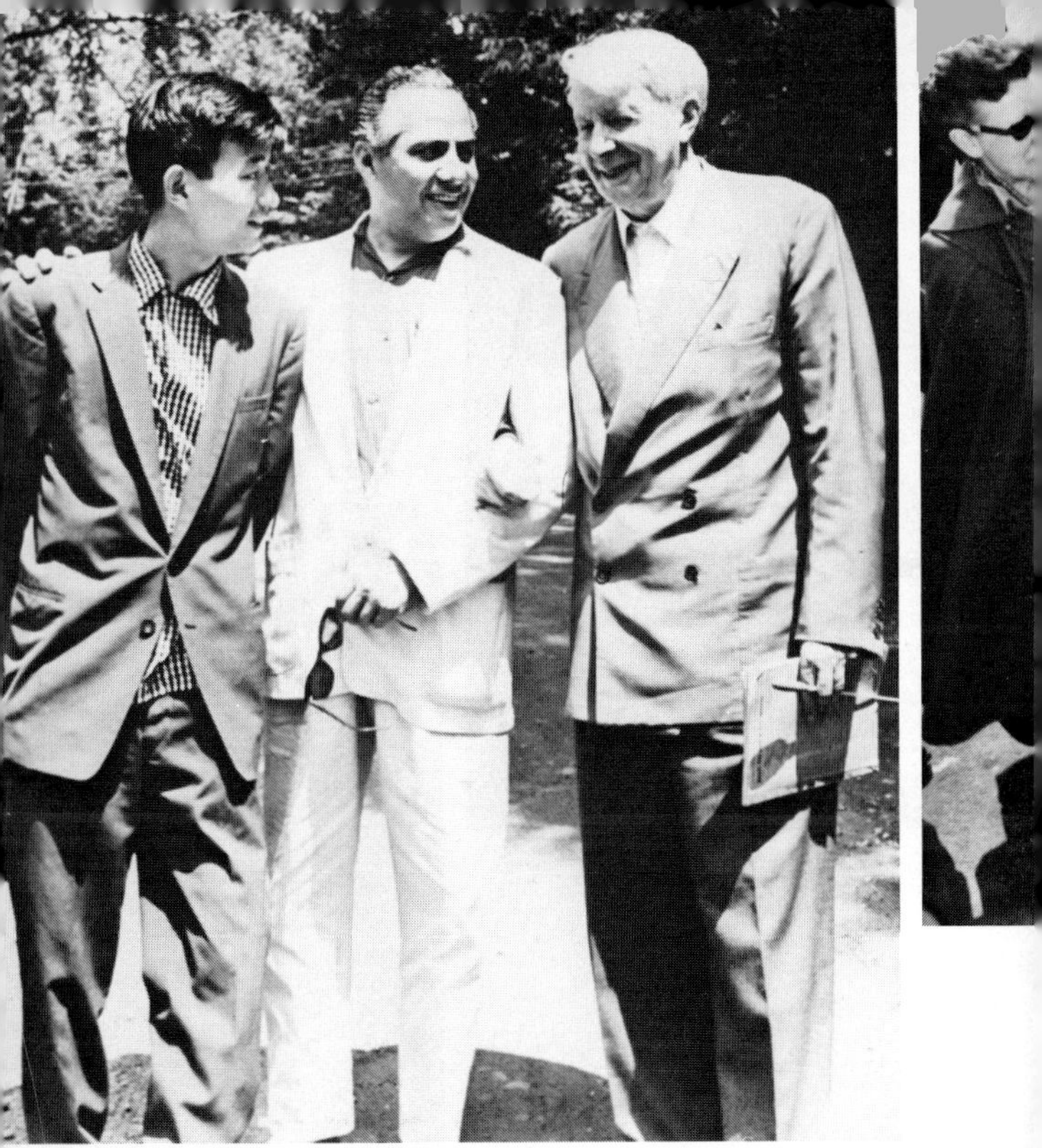

ぼくはバーンスタインの黒マントに抱かれたまま，一人一人指さしながら彼に教えていった。「あれがおふくろ，その隣りがおやじさん……」**（写真右上・羽田空港にて）**
クーセヴィツキー記念賞を未亡人の手から授与された**（右下）**
タングルウッドで，シャルル・ミュンシュ（右端）とともに**（上）**

(55)
(9) Nijmegen 146 km
51 Münster 159 km
Autobahn
Düsseldorf

新 潮 文 庫

ボクの音楽武者修行

小 澤 征 爾 著

新 潮 社 版

2640

目次

日本を離れて

棒ふりコンクール

タングルウッドの音楽祭

写真提供
ポリドール株式会社（167ページ）
日本フォノグラム株式会社（197ページ・上）
キングレコード株式会社（197ページ・下）

ボクの音楽武者修行

日本を離れて

音楽家の感激

まったく知らなかったものを知る、見る、ということは、実に妙な感じがするもので、ぼくはそのたびにシリと背中の間の所がゾクゾクしちまう。日本を出てから帰ってくるまで、二年余り、いくつかのゾクゾクに出会った。

神戸から貨物船に乗って出発、四日目に、ぼくにとって、物心ついてから最初の外国であるフィリッピンのエスタンシヤという島が見えだした時——

六十日余りの気の遠くなるほど長い長い船旅のあと、何日ものスクーター旅行でパリにだんだん近づき、やっとパリのセーヌ河のふちにたどり着いた時——

少々空想的に考えていたチロルで、銀雪に輝く山頂にスキーで登って、ギョロリと山々を見まわした時——

また、ヨーロッパから飛行機でボストンに飛び、機上から初めてアメリカ大陸を見た時――

ニューヨーク・フィルの一行と、太平洋の上を飛んで来て日本の土が見えた時――

これらは、いま思い出してもそのゾクゾクの代表的なものだ。

しかし、まだある。

フランスのブザンソン。ぼくがそこへ着いたときには、およそ心細い限りだった。なにしろ日本人は一人もいない町だし、ぼくはどんなことになるか全然予想もつかないでとびこんできたのだから。だがその町を離れるときには、ぼくは「さあ、これでヨーロッパで落ち着いて勉強できるぞ」と大声で叫びたいような、晴ればれした気持ちだった。世界じゅうから集まった四十八人の若い指揮者と競って、コンクールで一位をあたえられたのだ。つい数日前までは夢にも考えられなかったことだった。ブザンソンの町から汽車で離れるとき、ぼくの本選会出場を応援にかけつけてくれた二人の日本人とともに、駅前の、このときばかりは高級なレストランで飯を食った。そのうまかったこと!

四十八人中六人だけ残った本選会。課題はむずかしいし、もうここまで来てしまえば、全力をだしてやってみるだけだという気持ち。度胸をすえてしまったら、予選よりもむしろらくに音楽することができた。オーケストラのプレイヤーたちもぼくといっしょに音楽を作ってくれた。お客さんたちも静かに聞いてくれたし、最後の音が終わったらモーレツに拍手してブラボー、ブラボーと叫んでくれた。そのホールにいたすべての人たち、プレイヤーもお客さんもがぼくの音楽に乗ってくれて、ぼくといっしょに音楽の境地に入ってきてくれた。それがぼくには嬉《うれ》しかった。これはひょっとするとたいへんなことになるかもしれないという気がしてきた。六人が終わって審査の結果を待つ間のぼくは、まったく落ち着きを失っていたらしい。

発表。「ムッシュー・セイジ・オザワ!!」

ブラボー!　パチ、パチ、パチ。舞台に押しだされて、もみくしゃにされて、そして、もうとにかくたいへんで、はっきりはおぼえていない。

アメリカ・ボストン郊外のタングルウッド。森と湖と丘ときれいな空気のいっぱいある所。ぼくの尊敬するシャルル・ミュンシュ先生に教えを受けるためのコンクールで、また一位をもらってしまった。三十人近い指揮者が世界じゅうから集まっていて、むずかしいテストを何回もされて、演奏をして、とうとうまた一位ということになったのだ。そのうえ、その音楽祭の創設者である大指揮者、故クーセヴィツキーに由来するクーセヴィツキー大賞というのをもらった。そしてぼくがあんなに尊敬していたミュンシュ先生自身に音楽を教わることが許されたのだった。彼の音楽と人柄に接していると、彼と同じ時代に生きていることの喜びを感じてしまう。音楽によってこんな偉大さに接することのできるぼくはしあわせだなあと思う。

ベルリン。大きな湖のある音楽の都。「カラヤンとともに指揮をする若者のコンテスト」。ぼくはあの魔法使いのようなカラヤンからも音楽を教わりたいと思っていたので、どうしてもこのコンテストを受けたくなって、ベルリンへスッ飛んで行った。マーラーの「大地の歌」、ロッシーニの「ウィリアム・テル」序曲が課題曲で、ぼくはここでも合格とされた。それから数カ月にわたって、ぼくはパリからベルリンへかよっては、カラヤンのレッスンを受けたのだった。

ニューヨークのカーネギー・ホール。ニューヨーク・フィルハーモニー交響楽団の副指揮者として、黛《まゆずみ》 敏郎《としろう》の「饗宴《きょうえん》」を指揮してデビューした。アメリカのお客さんがモーレツに拍手してくれた。正指揮者のバーンスタインが喜んでくれた。オーケストラの奏者たちも楽器をたたいてほめてくれた。音楽にはほんとうに国境がない。音楽することの喜びをぼくは感じないではいられなかった。

しかし、それにもまして大きな感激は一九六一年六月、約二年半ぶりに帰った日本で、日本フィルハーモニー交響楽団定期演奏会の客演指揮者として、日比谷《ひびや》公会堂の指揮台の上で味わった感激だ。曲目はドビュッシーの「ノクチュルヌ」、モーツァルトの「ジュピター」交響曲、サン＝サーンスのピアノ協奏曲第五番、プロコフィエフの「ロメオとジュリエット」だ。ぼくは故郷に帰って初めての指揮なので、うんと勉強をして、大いに張りきってオーケストラを指揮したつもりだし、またオーケストラの人々もそれに応《こた》えて、力いっぱいの演奏をしてくれた。とくに「ロメオとジュリエット」の時にはぼくは快調に棒が振れたので、うまくやれたのではなかったかと思う。お客さんたちはうんと拍手してくれた。

最後の曲が終わったとき、ぼくはクタクタだった。しかし、オーケストラの人々がぼくと一緒に音楽の中に入りこんで弾いてくれたことが嬉しかった。またお客さんもぼくたちの音楽に乗って、一緒に音楽をたのしんでくれたことが嬉しかった。

ぼくの履歴

ぼくは昭和十年九月一日、満州国の奉天《ほうてん》で生まれた。ぼくのおやじの開作さんは、ぼくが生まれる何年か前までは長春《ちょうしゅん》で歯医者をしていたが、満州事変の勃発《ぼっぱつ》とともに医者をやめて、協和会の創立委員として奉天に移り住んでいた。そしてそのころ親交のあった板垣征四郎の征、石原莞爾《かんじ》の爾をもらって三番目に生まれた赤ん坊に征爾という名をつけたのだそうだ。ぼくが生まれた次の年におやじさんが北京《ペキン》で新民会の創立委員として働くことになったので、ぼくたちも北京へ引越して行った。そして太平洋戦争の始まる直前に東京へ帰って来たのだから、ぼくの小学校入学以前の思い出はすべて北京でのことである。

戦争時代は立川で過ごしたから、爆弾や機銃掃射のこわい目にはうんとぶつかったものだ。敗戦とともにおやじさんは経済的にも苦境に陥ったけれど、ぼくたち子供には一貫して自由に好きな勉強をさせてくれた。敗戦後数年たってはじめて、昔の職業である歯科医に戻ったのであって、ぼくが豊増昇《とよます》先生にピアノを習うようになったころは、ぼくの家は敗戦の痛手に一番苦しんでいた時期だった。そんな時期にも、父や母がぼくたちのために、ピアノだけは手放そうとしなかったことを、ぼくはとてもありがたく思っている。

さくらというかわいらしい名前のぼくのおふくろさんはクリスチャンなので、ぼくの家では子供のころから讃美歌《さんびか》がよく歌われた。おふくろさんがいろいろな讃美歌を歌ってくれたばかりでなく、ぼくの記憶では、小学校の三年のころに兄貴たちや弟とはじめて合唱というものをしたように思う。それはたしか、讃美歌の十一番という簡単な、きれいな歌だった。ぼくのうちは男ばかり四人の兄弟で、男声四重唱を組めるので、その後今まで機会あるごとにいろいろな曲を歌っている。ぼくにとって讃美歌は切り離せないものだ。というのは、成城学園中学の三年のころ、仲間たちと讃美歌を合唱するグループを作った。それはぼくが指揮の勉強を始める前のことだったが、ぼくが指揮ということを初めてやってみたのは、そのグループの合唱であった。そしてそれ以来、そのグループは讃美歌のみならず、黒人霊歌やいろいろな作品も歌うようになって、合唱団「城の音」としてもう十年も続いていて、ぼくは指揮の勉強をするようになってからは、いっそう力を入れてその仲間の合唱を指揮して来た。今度日本へ帰って来ても、暇を見つけてはその十年来のコーラス仲間と歌ったり、指揮したりするのがたのしくてならない。

　ところで、豊増先生についてピアノを習いはじめたのは成城学園中学に入ったときだった。先生のもとではバッハをたくさん教わった。だがそのころぼくはラグビーに夢中だったので、ズボンも靴も泥だらけのままレッスンに行っちゃったりした。椅子《いす》やピアノのキーが汚れることもあっただろうから、ずいぶんあきれたお弟子だったにちがいない。今でも、いちばん申しわけなく思っているのは、先生のピアノで弾いている最中に思わず鼻をたらしてしまったことだ。そうしたら先生は黙ってハンカチを出して、キーを拭《ふ》いてくださったものだ。ぼくはそのままどんどん弾いてしまった。

ラグビーといえば、こんなことがあった。ぼくはピアノのレッスンに行っているのだから、指を大切にしなければいけないというので、うちでは、なるべくラグビーをしないようにと言われていた。ところが仲間があの勇ましいラグビーの恰好《かっこう》をしてグランドに出て行くと、ぼくもついついやりたくなってしまう。そしてあるとき、母にはないしょで、成城、成蹊《せいけい》、学習院、武蔵《むさし》の四校対抗定期戦に出て思いきり走り回った。そして顔や手や腕にものすごい傷をいっぱいつけてしまって、家に帰ったらさっそく母に見とがめられてしまった。ぼくは、

「柱にぶつかったんだい」

と言って、その場をうまく逃れたつもりでいたが、これはのちのちまでもわが家のお笑いになってしまった。どんな太いデコボコな柱にぶつかったって、手と腕と、おまけに顔じゅうがすりむけることはないはずだ。

そんなことをしながらも、とにかくピアノのレッスンにかよっていた。指揮者になりたいと思うようになったのは、日比谷公会堂で、レオニード・クロイツァーがベー

トーヴェンのピアノ協奏曲第五番「皇帝」を、自分でピアノを弾きながらオーケストラを指揮したのを見てからであった。

それで、成城学園中学から高校に進学していたのに、当時音楽の専門教育のために創立された桐朋《とうほう》学園高校音楽科へ入りなおした。そこで斎藤秀雄《ひでお》先生から指揮法を学ぶことになった。これがいわば指揮者としてのぼくの出発である。生徒一人に先生一人という特殊な教育が始まった。

やがて短大に進んだ。そして三十三年に桐朋を卒業する直前、桐朋学園オーケストラがブリュッセルの万国博覧会青少年音楽コンクールに参加する話が持ち上がった。ところがオーケストラを連れて行くには資金が意外にかかることがわかり、残念ながら中止するはめになった。その時にぼくは堅い決心をしたのだ。オーケストラがだめなら、せめてぼく一人だけでもヨーロッパに行こうと。外国の音楽をやるためには、その音楽の生まれた土、そこに住んでいる人間、をじかに知りたい。とにかくぼくはそう思った。もちろん青二才のぼくに大金のあるはずはないが、多少の金さえ持っていれば、あとは日本のスクーターでも宣伝しながら行けば、ぼく一人ぐらいの資金は、捻出《ねんしゅつ》できるのではないかと思うようになった。それがぼくをしてスクーター旅行を計画させた動機だったのだ。

音楽武者修行へ出発

ぼくはヨーロッパに行くことを決心すると、まずパスポートをとるための手続きをとった。しかし一番頭を痛めたのはなんといってもお金のことだった。結局、ぼくの志をわかってくれたりはげましてくれたりする人たちに、借りたりたりもらったりする以外に手がなかった。そういうぼくの希望にこころよく応じてくれた方がた、またそのためにほうぼう走り回ってくれた友人たちにはまったく感謝のほかはない。

一九五九年、つまり三年前の正月のことである。ぼくは中学時代からの合唱仲

桐朋学園オーケストラの北軽井沢合宿。
今ではこのお嬢さん方も立派なご婦人。

間と信州野沢へスキーに行き、毎年泊めてもらうあるお年寄りの家に泊まった。ところが四日目に、ぼくは崖《がけ》から墜落して腰を打ってしまった。その晩から高い熱を出して寝込み、これは大変なことになったと思った。しかし帰りの夜行でビールをがぶ飲みしているうちになおってしまった。わが家にたどりついたら、その前から方々に頼んであったヨーロッパ行きのチャンスが待ち受けていた。――しかも貨物船に安く乗せてくれるというのだ――意外に早くやって来たチャンスに、ぼくは喜んだり驚いたりした。ちょっと心細くもあったけれど。

さっそく、鞄《かばん》、歯磨、歯ブラシ、フランス語の字引き、日記帳、シャツ、パンツなどを買い込みにでかけた。同時にむこうでの足として前から考えていた、スクーターかオートバイを借りるために、東京じゅうかけずり回った。何軒回ったかしれない。最後に、亡《な》くなられた富士重工の松尾清秀氏の奥様のお世話で、富士重工でラビットジュニア125ccの新型を手に入れることができた。その時富士重工から出された条件は次のようなものだ。

一、日本国籍を明示すること。
一、音楽家であることを示すこと。
一、事故をおこさないこと。

この条件をかなえるために、ぼくは白いヘルメットにギターをかついで日の丸をつけたスクーターにまたがり、奇妙ないでたちの欧州行脚《あんぎゃ》となったのである。

さて、富士重工の工場でスクーターの分解法や修理法を習って、出発の準備を完了したぼくは、親しい友人や肉親たちとのサヨナラ・パーティを何度かやった。何度やってもしたりないような気持ちだった。こうして乗船までの二週間はまたたく間に過ぎた。一生のうちにこんなに忙しいことはもうないだろう。出発の夜、東京駅で皆に送られた時には、ぼくはもうちょっとで涙を流すところだった。次の日、京都の宿屋で、仙台から見送りに来てくれた兄貴と二人で、タタミの味を思うぞんぶん楽しんだ。

日本を離れて

二月一日、神戸から貨物船淡路山丸で出港した。埠頭《ふとう》で見送りに立っていたのはた

タラップが上がってボク一人。「弱ったなぁ、ちっとも悲しい気持ちにならねえや」兄貴にどなった。

った三人、明石《あかし》にいる友人とその母上、それに兄貴だけ。貨物船なのでよその見送り人もいない。まことに静かな船立ちだった。なんとも複雑な気持ちである。

――こいつは大変なことになった。いったいどうなることとやら……。

ぼくは未知への不安と希望のいりまじった気持ちで、そうつぶやいたものだ。しかし世界を回ってみて、日本の風景は実に独特でいいと今でも思っている。約二年半後に帰国した時、東海道の古い宿屋で、ニューヨーク・フィルの指揮者のバーンスタインと一緒に、懐《なつか》しい畳に坐《すわ》ってしみじみと海の音を聞いた。床の間には枯れ葉のついた盆栽があった。その時、

「セイジ、お前は幸福な奴《やつ》だ。こんな美しい国で育ったなんて……。それなのになんでニューヨークなどに住む気になったんだい？」

バーンスタインはいぶかし気にそうぼくに聞いた。彼が疑問に思うのも無理はない。それほど日本の景色は美しくてみずみずしさに満ちているのだから……。しかしぼくには、それ以上に、西洋音楽を知りたいという強烈な気持ちがある。その気持ちの前では、どんなすばらしいものでも一瞬の間に、嘘《うそ》のように色あせてしまうのだということを、いいたかった。しかし、うまくいえなかった。

さて、ぼくは四国の島を長いことボーッとして見つめたあとで、自室に戻った。そ

うしたら、若い船員たちが高級ウィスキーをしこたま持参して、ぼくを待っていた。なにしろ貨物船だから客はぼく一人なので、どうぞお手やわらかにといった気持ちで、ぼくもこころよく御相伴にあずかった。それにしてもヨーロッパに着くまでに約二カ月、六十三日かかるというのだから、気の長い旅である。

ぼくは、ぼくの旅の第一報を川崎の家族に打った。「シコクミエタセイジ」

神戸を出港してから四日目に、最初の外国であるフィリッピンのエスタンシヤという島が見えた。その時はぼくの体はゾクゾクとふるえ出し、なんともいえぬ感激を味わった。このゾクゾクしたふるえのような感激はその後も何度か経験した。

大人になるということは、たび重なる経験のために次第にこうした体のふるえるような新鮮な感激がうすれ、少なくなることだそうだが、もしそれが本当なら淋《さみ》しいことだと思う。

船はフィリッピン諸島のあちこちの港を一週間ほど回り、砂糖や泥を積み込んだ。泥をなんのために積み込んだのか、今もって見当がつかない。

そのころ、船旅の様子を家族に知らせた手紙がある。

船内にて。（投函《とうかん》マニラ）

船の生活は天国だ。一日の生活をザッと書いてみると、六時に起床。体操をした後でブリッジに上がる。ただちに、神戸出港後ひまな時に教えてもらったコンパスを使って船の位置を確かめる。八時に食事の合図のガラガラが船内いっぱいに鳴りわたる。トースト、ハムエッグ、コーヒー、果物の朝食。終わると一時間くらいよこになり、十時ごろからフランス語や、もらって来たスクーターの勉強。正十二時にガラガラが鳴り、今度はフルコースの洋食だ。スープ、魚料理、肉料理、サラダ、パン、コーヒー、ミルク、アイスクリーム、果物——これだけは必ず出る。まあ千円の定食と思えば間違いない。船長など、この他にヤキメシを食っている。あきれたものだ。

昼飯の後は、サロンで皆とペチャクチャおしゃべり。それから昼寝。三時ごろからマラソン、縄飛《なわと》び、ゴルフだ。夕方はたいてい機関室か通信室かブリッジで、専門的「船学」の個人教授を受ける。五時にまたメシ。今度は日本食だ。初めのうちは、メシ、メシ、メシで困ったが、だいぶ慣れて来た。夜はレコードを聞いたり、甲板の上を散歩したり、おしゃべりをしたりする。またヴァイオリンやコーラスを教えることもある。寝る前には必ず風呂《ふろ》に入り、九時と十時の間にベッドに入る。まったく船の連中はいい奴ばかりだ。シャツが足りなくなりそうで困っていたら、船長はダブダブの肌着を貸してくれるし、ボーイ連中は何でも好きな物を食わしてくれる。ビールもただだ。

マニラに着いた時に寒暖計を見たら、三十八度あるのには驚いた。暑いはずだ。その代わり夕焼けはすごい。見ているこっちの顔にまで反映して来る。夕焼けを見ながら、戦争で死んだ人のことを思うと胸が痛くなって来る。この辺は激戦地だったそうだ。

夕焼け小焼け　あした天気になあーれ。

フィリッピン諸島を回っている時、果物をもらう。

フィリッピン娘

マニラから家族あてに手紙を書く。

二月十日　マニラにて

神戸で兄貴に船の進路予定を書いた紙を渡すのを忘れたから同封しておく。内地からの手紙は七日くらいかかるそうだ。船の進路予定表を見て、適当な港あてに手紙を出しておいてくれ。すまないが、この進路予定表のうち、ボンベイからマルセイユまでの日程を斎藤先生、伊集院先生、吉田《よしだ》秀和《ひでかず》先生、江戸（京子）さん、二宮さんに知らせてくれないか。向こうでも気にしているはずだから。

それから兄貴が神戸の運動具屋で買ってくれた自炊道具のコッヘルがどこを捜してもない。パリに着いて自炊するようになったら使おうと思っているので弱っている。もしぼくの記憶に間違いがなければ、神戸大丸の書籍部で漱石《そうせき》の文庫本を捜している時に忘れたのだと思う。面倒だが、仙台の兄貴に手紙を出して聞いてくれないか。そしてもしあったら、ぼくの所に送ってくれ。

それから、せっかくおふくろさんが編んでくれたチャンチャンコを、出発の忙しさにとりまぎれて忘れて来ちゃった。今度の冬まで必要ないが、これも何かのついでに送ってもらいたい。やはり遠くに来るとおふくろがなつかしい。さようなら。

フィリッピンではすばらしい思い出がある、というとちょっと大げさになるが、貿易商の親娘と仲よくなってたのしかった。娘たちは栗色《くりいろ》の髪をしたよく似た姉妹である。だいたい、フィリッピンという所は対日感情が悪い所なのだ。ぼくも二、三それらしいものを感じた。しかし、その親娘にかぎって全然そんな気配はなかった。ぼくが音楽家だということを知っているせいもあろう。その姉妹は小麦色の肌と南国的な神秘に輝いた深い目を持っていた。しかし、それ以上にすばらしいのは、何といっても背景となる景色だろう。果てしなくつづく濃紺色の海。太陽に照らされて金色に輝く波。鬱蒼《うっそう》と繁った熱帯樹。

ぼくがカタコトの英語で、

「日本を好きか？」

と、聞いたら、

「あなたのような若者がいる国なら、日本でもどこでも好きだ」

と、うれしい事をいってくれる。この姉妹の写真をとりそこなったのはかえすがえすも残念だ。

シンガポールの音楽家

シンガポールの港でも、わが淡路山丸は三日ほど碇泊《ていはく》した。走っている時には結構涼しいが、いったん止まると蒸し風呂《ぶろ》に入ったように暑い。じっとしていても玉の汗が出て来る。

ここで初めて内地からの手紙を手に入れた。夢中で読んだ。なんだか胸が一杯になっちまった。日本を離れて幾日もたっていないのに、今からこんなことでは先きのことが思いやられそうだが、そのうちになおると、船の人が言ってくれた。ホームシックという奴《やつ》らしい。英語はだいぶ上達した。どうやら用が足せるようになった。いや、ほんとうのところはもっと現場を踏んでみないとたしかなことはわからないかもしれない。なにしろどこの港でも聞こえてくるのは英語ばかりだから、英語がチンプンカンプンでは唖《おし》の旅行になりかねない。それにしても船が南へ進むにつれて元気になって来るのは、どうしたわけだろうか。

うちからの手紙によると、ぼくのいない家に、友人が遊びに来てくれるらしい。彼らは留守宅慰問とかなんとか体裁のいいことをいって、本当はぼくがいなくなると、どのくらいうちが静かになるかということを偵察しに来るのが目的のようだ。そして、手紙には「欧州スクーター旅行」という本を送ろうかと書いてあった。送ってもらうと送料がバカバカしいほど高くつく。それで、もしマルセイユからパリ、パリからスイス辺の道路の状態がくわしく出ているようなら、その要点だけを手紙のはじに書いて送ってもらおうかと思った。それが面倒なら、そこの所だけ二、三枚切りとって送ってもらってもいいわけだ。そんなことを考えているうちに、ふと学生時代のことを思い出した。試験の朝、京王線に乗りながら、まだ覚えていない個所を暗記しようとするが、どうしても覚えられない。だんだん試験の時間が迫っていらいらしてくる。えい、面倒だとばかりどうしても覚えられない個所の出ているページを二、三枚破って、教室へ持ち込む。もちろんカンニングをするためだ。しかし実際はポケットに突っ込んだままで、とても実行できるものではない。誰にもそんな名誉でない思い出があるのではなかろうか。旅をしていると、いろんなことがとりとめもなく思い出されてくるものである。

外国というとずいぶん遠方のようだが、いざ来てみると意外に近い。日本にいた時には、フィリッピンとかシンガポールとかいうと地球の果ての国みたいな気がしたものだが、この分でいくと、パリもそう遠い所ではないのだろう。パリに着いてからのことを考えて、船内で毎日汗をかきながらフランス語の勉強をやり始めた。英語と似た言葉もあるし、似ていながらまったく別の意味になるのもある。どうも英語とフランス語と混同しそうで厄介だ。しかし会話の本は実に便利だ。フランスに上陸したら、まずこれのお世話になるだろう。

こんなことを書いているうちに、ふと東京駅を出発した時のことが思い出された。あの時、ぼくはだいぶオロオロしていたのではないだろうか。自分がどんな挨拶《あいさつ》をしたか、夢中だったので何も覚えていない。お世辞にも、落ち着いていたとはいえないに違いない。聖徳太子《しょうとくたいし》は一ぺんに十人の話を聞いたそうだが、ぼくは二人から同時に挨拶されると、もうフラフラすることを発見した。その時の写真ができたら、ぜひ見たいものだと思っている。

ぼくが音楽を専門にしているせいか、どこの港にも必ず音楽好きの黒人のいることが目につく。シンガポールにもやはり音楽好きがいる。ギターを弾く者、マンドリンを鳴らす者、歌を歌う者。皆それぞれの特徴を持って満足したようにやっている。なかなかいいものだ。またどこへ行っても気らくに話しかけて来る者があるので、旅の憂《う》さをまぎらすにはたいへんありがたい。

インドでのロハ入場

インドのボンベイに入港したのは二月二十八日である。船の日程が四日ほど早くなり、三月一日にボンベイを出港する予定だ。

一九五九年二月二十八日　ボンベイ

ボンベイに上陸したよ。みんな元気？

昼間市内を散歩していたら、街角に音楽会のポスターがはってあるのが目についた。それによると、今夜演奏会がある。夜になるのを待って会場のＴＡＪホテル――東京なら、さしずめ帝国ホテル級というところか――そこのホテルのホールに行き、久しぶりに生《なま》の音楽を聞いてきた。本来なら十ルピー（七百五十円）も入場料をとられるところを、「ヤァー」といって、いつものように正面入口から堂々とロハ入場した。向こうは少しもいぶかしそうな顔をしなかったぜ。いったい、こっちを何だと思ったんだろうか。フランス人のベルナール・ミシュラン

(Bernard Michelin) という人のチェロ演奏だ。

街を行くのはタクシーに乗るのが定石らしいが、ボクはわざとバスと電車で街をひと回りした。そのほうがその国の生活ぶりがわかっておもしろい、値段も七円ぐらいでまことに安い。ボンベイとは「よい港」という意味だって。

また書く。さよなら。

船が三月一日にボンベイを出港してやれやれと思ったら、また十二時間後には逆戻りした。なんのためか知らないが、がっかりだ。まさか忘れ物をして来たわけでもあるまい。その代わり家からの手紙が着いていたのでよかった。もし船が戻らなかったら、その手紙は永久にぼくの手に入らなかったかもしれない。船の進行予定が早くなったのでそんな手違いが起こったのだ。

マニラから出した手紙は、まだ着かないらしい。マニラはだらしがない所だから、手紙もどこかへおきざりにされてしまったのではないだろうか。ぼくは、うちからの手紙を読むとさっそく返事を出した。

おやじさんへ

わが友土田が、おやじさんと一緒に川崎で飲んで愉快だったと手紙で言ってきました。また来たら酒をふるまってください。

ボクの方は酒だらけ。もらい物のウィスキーが沢山あるうえに、あちこちの港々でその土地の酒をもらったからだ。ところが船の中では少しも飲む意欲が起きない。結局フランスまでそのまま持って行くことになりそうだ。インドで飲んだ酒はすごく強いのでびっくらした。

上の兄貴へ

毎日が暑くて、日本で今雪が降っているといわれても全然実感がわかない。こう暑くては頭がぼうっとなって、えらい奴《やつ》も出ないだろう。だからネールなんてのはよほどのエラブツなのだろう。

ポン＝弟へ

出発の時、オレがいくらおろおろしていたからといって、送りに来た連中の顔が見えなかったわけではない。ただ、まともにみると涙が出て来そうなので、ちょこちょこしていたのだ。そんなにおろおろして見えたかい？

みんながおれのためにコーラスをやってくれたのも、関原先生の顔も、そのほか北村がいたこともちゃんと知っている。

インドに来てみると、日本が相当に教養が高い国だということがわかる。インドでは美人でも字の書けない人が多い。もっとも金持ちはとてつもなく金持ちらしいが……。

マルセイユには、三月二十一日ごろ着く予定だ。約一週間か十日かけて、ゆっくりスクーターで、あちこちの寺や学校や博物館を見物するつもりだ。フランスの中で一番いい地方だそうだから……それからパリへ行く。

アフリカから地中海へ

それから十日ほどかかって、三月十日に船はアフリカのポートスーダンに寄港した。ぼくはさっそく上陸した。あまり暑いので、ぼくと船の事務員さんは海水プールへ行って泳いだ。やたらに塩からい水である。この辺はいま冬だそうだが、それにしてはずいぶん暑い。冬という言葉と気温がチグハグで奇妙な感じだ。

ひと泳ぎしてから一人で街を散歩した。まじめな宗教的な町である。歩いている女は、イタリア人、ギリシア人、イギリス人だけで、不思議なことに当地の女は一人もいない。何か宗教的な理由で女は昼間出歩かないのだろうか。日本人はぼく一人だけだ。それにしても、旅行するには貨物船がいいということをいまさらながらぼくは発見した。荷物の積みおろしに時間がかかるので、ゆっくり街を散歩できる。そのたびに英語はうまくなるし、物知りにはなれる。

スエズ運河のまわりは砂漠なので、時々ラクダがゾロゾロ歩いているのが見える。動乱以後、民族意識にこりかたまっているから、ローマ字をすべて消してエジプト文字にしてあるのもおもしろい。百六十キロもある運河に百メートルずつ指示標がついているが、それももちろんエジプト文字だ。こう徹底していると、見ていてもなんだか気持ちがいい。

しかし、スエズでは上陸できず、その代わり船に物売りがやってくる。壁掛け、皮の座蒲団《ざぶとん》、靴、菓子、果物といったものだが、みな一風変わっていて見るだけでもあきない。

三月十二日　アレキサンドリア

みんな元気？　おやじさんは相変わらず忙しいでしょう？

アフリカを出て地中海に入ると、急に涼しくなってきた。やはり気候のいいのが一番だ。日本では今相撲のシーズンだね。船にもラジオがあるので、ボクも時々それを聞くから知っている。そのうち船の中でもテレビで実況を見られるようになるかもしれない。船の風呂《ふろ》は海水に湯気を吹きこんで沸かすのだが、五分くらいで沸く。毎日海水をとりかえるから、ボクは太平洋、インド洋、紅海、地中海の風呂に入ったわけだ。夜、星を眺めながら風呂に入り、でかい声で歌を歌う。まるで温泉気分だ。早起きした時は朝風呂にも入る。塩水は体にいいそうだ。男ばかりの生活だから、風呂から上がると、素っ裸に手拭《てぬぐい》片手のイデタチで、ゆうゆうと部屋に戻って来る。その解放感がなんともいえない。

船の生活は退屈しそうでしない。一日がすぐたつ。スクーターの勉強も進んだが、英語のほうもなかなか捨てたものではない。まず不自由はしない。たいしたものだろう。フランス語は和仏を初めから読み出した。そして赤線を引いて単語カードを作った。こんなに語学に夢中になったのは生まれて初めてだ。

ボクの部屋は皆の溜《たま》り場になっている。夜になるとアミダクジを引き、ビールを飲む。もっともボクはビールも菓子も、つまみもブドー酒も、クリーニング代もただだ。ただでないものは、

地中海に入ったら急に寒くなった。インドで習ったターバンを巻いてウィスキーを飲む。自分の部屋で。

手紙代くらいだよ。

マルセイユで日本金をフランに換えてもらうように、船長が特別に手配してくれた。あと気がかりなのはパリに着いてからの宿のことだ。もしかすると、パリに着いてからポンに市《いち》ケ谷《や》の日仏学院に行ってもらおうかと思っている。あそこの代理院長のドッキール氏に、パリの日本館（一名サツマ館）を紹介してもらうためだ。ボクは去年のパリ祭の時、ドッキール氏に音楽のサービスをして知りあいになったから、頼みに行けばすぐ書いてくれるはずだ。

ではまた。元気で。

三月十五日　アレキサンドリア

アレキサンドリアはきたなくてつまらない町だ。というのは、古いものを破壊して、新しくエジプト人が細工したから、味気ないことおびただしい。しかしカイロはいい所らしい。昨日カイロの土田大使（チェロの土田のおじさん）と電話で話をすることができた。懐《なつか》しかった。

ここで花を見つけたから押し花にして同封しておく。アレキサンドリアの面影でもかいでください。日本に着くころにはおそらく変色するかもしれないが、今は実に生き生きとしたあざやかな色だ。アレキサンドリアで一番美しいのは、花の色と夕焼けと芸術館だ。次は日本船がめったに行ったことがなく、またこの船の船長も初めてだという、イタリアの南端、シシリー島のメッシナに行く。オレンジを積むのだそうだ。

　またそこから。さよなら。

美人のいるシシリー島

　船の客はぼく一人だから、なんの遠慮もいらず、朝からパンツと色眼鏡とゾーリだけの軽装で歩き回っていることもある。ち

シシリー島のパン屋で。パンの焼き方など教えてもらった。

ょっとした海浜スタイルだ。地中海の真っ青な海の色は油絵の名画でも見ているようにすばらしい。どこまでもはてしなく続く海。

シシリー島に着いたら、町の女が大勢目の前に現われた。はっとしたほど、どれも美人に見えた。それでパリに着いてから、

「シシリー島の女は実にすてきだ。美人ばかりだ」

と、みんなに言ったら笑われてしまった。長いこと色の黒い人ばかり見ていて、その後で初めて白人の女を見たので、誰を見てもすばらしく美人に見えたのだろうということだ。

棒ふりコンクール

上陸第一歩のつまずき

船は二十三日の早朝、いよいよマルセイユ港に入港した。しかし夜まで上陸できなかった。それにはバカバカしい理由がある。

ぼくのスクーターのエンジン番号、車台番号と、免税カルネの番号とがくい違っていたのだ。それを税関で指摘されたときには、まったく狐《きつね》につままれたような気持だった。ぼくが思うには、信濃《しなの》町の自動車会社の人が持って来る時に、ぼくのではない他のスクーターと間違えたのではないか。それを受けとった兄貴がぼくに急いで電話する時、車台番号を確かめなかったに違いない。それ以外には考えられない。マルセイユの税関でそのことを知った時には本当にぼくも唖然《あぜん》とした。

なおいけないことは、所有者の名前を書く所にぼくの名前が書いてなく、寄贈者の富士重工業の名が書いてあり、ぼくの名はその後にカッコに入れて書いてあることだ。これがまた相手をまごつかせた理由でもある。ぼくも最初のうちは何がなんだかチンプンカンプンで皆目わからず、船旅の潮風で番号が変わったのかと思い、気味が悪かった。しかし代理店の人の涙ぐましいまでの努力により、三カ月以内に正しい免税カルネを日本から送るという条件で、やっと税関が認めてくれた。結局ぼくはまっすぐに入国できたが、スクーターだけは仮入国という形だ。もっとも仮入国だろうがなんだろうが、入国させてもらえさえすれば後は同じことだ。

マルセイユ上陸。税関の人がもの珍しく集まった。

その晩は代理店で手配してくれたホテルに泊まった。久しぶりに地上の家に寝るせいか、興奮してなかなか寝つかれない。感激的なフランス第一夜だからだ。

翌日、街の中を二時間ほどスクーターでドライブしたが、道がいいせいか実に走りやす

い。日本のように年じゅうどこかで道路工事をしているのとは違う。しかしちょっと止まると、すぐ人だかりがして、何やかやとうるさく話しかけて来る。スクーターに日の丸をデカデカとかかげ、ギターを背負っているので、よほど目につくらしい。変わり者が日本から来たとでも思うのだろうか。中には手をあげて敬意を表してすれちがう車もある。ちょっといい気分だ。

ぼくのフランス語はとんでもなく下手だが、不思議なことに大抵のフランス人に通じる。これには驚いた。向こうがよほどカンがいいのかもしれない。明日はいよいよパリへ出発する。

スクーターの免許証は日本ので勘弁してもらう。フランスで出す国際免許証はフランスの免許証をとってからでないと発行しないのだそうだ。それはパリに行ってからのことにする。旅行者扱いとして、三カ月間は日本の免許証が使えるので、今はそれを利用するわけだ。スクーターの保険もとったが、割合安い。スクーター旅行の準備完了。皆とても、好意とオドロキで迎えてくれる。

ユースホステル

二十六日にマルセイユを発《た》ち、途中一日安宿に泊まり、翌日晴天下をヴァランス(Valence) へ向かった。途中でアメリカの青年二人に会い、ヴァランスに適当なユースホステルがあることを教えてもらう。

二十七日夜、ユースホステルをたずねる。以前、桶谷繁雄《おけたにしげお》氏一行が泊まった所で、すぐメンバー・カードを作ってくれた。あまり簡単にメンバーになれたので、こっちはかえって拍子抜けがした。マルセイユからヴァランスへ来る道は「フランスの庭」というだけあって実に美しい。古い農家の後ろにはアルプスが見え、空が高くまで澄んでいる。胸のなかを洗われるようなすがすがしさを覚える。景色に見とれてばかりいて写真をとるのを忘れたくらいだ。

ヴァランスのユースホステルでは、客はぼく以外には女が三人と男が一人。しかし格別なこともない。翌日の夜はリヨン (Lyon) のユースホステルに泊まった。フランス第六夜だ。一泊、七十円から百円くらい。飯は普通食なら八十円くらいだが、ちょっとおごって、百五十円から二百円くらいのにする。もっともレストランに行けば五百円か六百円はかかる。

ここで同宿のドイツ人たちと友だちになった。住所を書いた紙をよこし、ドイツに来たら泊まって行けと親切に言ってくれる。一人でも知り合いがふえるのはたのもしい気がする。ホステルでみんなにピアノを聞かせたら、大いに喜ばれた。しかし希望曲がほとんどアメリカのジャズなのは意外だった。

スクーター旅行

寝る話や食べる話ばかりでなく、スクーターのことも書こう。

ヨーロッパを歩くには、汽車よりもスクーターかヒッチハイクに限る。安い市場の前を通るたびに必要な物を買い集めて背中にしょった袋に入れておくのだ。そして腹がへったら野原にシュラーフザックを広げて、青空を眺めながら食う。かならず子供か人のいい農夫が近づいて来るから退屈はしない。ぼくが日本語で大きな声で歌いながら、ゆっくりと道を行くので、みんなニコニコして手をふる。しかし雨にはまいる。つくづく太陽のありがたさを感じたものだ。

あのバタバタというスクーター独特の金属音も変に気取りがなくて親しみやすい。

パリへの途中、スクーター旅行の男と知り合った。

そのうえガソリンが安いときているのだからいうところはない。だが欠点も幾つかある。あまり長く走っていると、時たま理由のないストライキを起こすことだ。これが人通りの少ない場所で起こすのならまだいいが、にぎやかで人通りの多い場所の時など目もあてられない。それでなくても日の丸をつけていて目につくのだから、ますます人だかりがする。ぺちゃぺちゃそばでひっきりなしにフランス語で話しかけられたりすると、本当に困る。

まだ困ったことはある。金が不足して腹がへったのと、首筋にこびりついた垢《あか》が一カ月くらい、いくらこすってもとれなかったことだ。

貨物船の旅というのは実に俗離れがして

いて、いろんなことが考えられるから、音楽家にはいい薬になる。ぼくは他の人にもすすめてみようと思うくらいだ。

スクーターで地べたに這《は》いつくばるような恰好《かっこう》でのんびり走っていると、地面には親しみが出る。見慣れぬ景色も食物も、酒も空気も、なんの抵抗もなく素直に入って来る。まるで子供の時からヨーロッパで育った人間みたいに。美人もよく目についたが、気おくれなど全然感じない。大げさに言えば、美人が皆ぼくのために存在しているようにさえ思えた。音楽に対してもそうだ。自然の中での、人間全体の中での、また長い歴史の中での音楽が素直に見られるようになった。

これはぼくにとっては大きなプラスだ。貨物船とスクーターで旅行をしたのは、いろんな意味でよかったと思う。

五キロおきに人間のつきあいができ、五キロおきに地面に寝ころがって青い空を眺めた。目に沁《し》みるような青い空だった。そして美人に会うとゆっくり観察し、うまくいくと一緒にお茶を飲むこともできた。

風邪と坐薬《ざやく》

四月八日にパリにようやくたどりついた。何か、たどりついたという感じがぴったりである。その日はホテルに泊まった。

ところがその頃パリは風邪の大流行で、さっそくこれにかかった。地下鉄でうつったらしい。まわりじゅうがごほんごほんとせきをしている上に、日本人のようにマスクをかけないから伝染しやすいのだ。医者に行くと、これがすごくいい医者で、いろいろ面倒をみてくれた。レントゲンをとって、「グッド・ハート」だなんてしゃれてやがる。今はやっている風邪は気管をやられるから注意しろと言われたが、大したこともなく、四日ほど寝るとなおった。医者の設備がいいのと、いい薬があるのには驚いた。パリに来る前に予防薬を飲めばよかったのだそうだが、今となっては後の祭りだ。だからそんなことは知らずに、外国から飛行機で来る客の大半はこれにかかるそうだ。

風邪にかかった時に傑作な失敗をした。医者から薬を四種類もらったのだが、それを宿に帰ってからろくに中も調べずに蓋《ふた》を開けて飲んだら、その中のデカい粒のが妙な刺激的な臭《にお》いがする。あわてて吐き出してしまった。どうもおかしいと思って、字引きを引いたら、坐薬と書いてある。大笑いした。といってもぼくは一人だし、しかも夜中である。坐薬をどういうふうに使うのかわからないので、ホテルのオッさんに電話をかけて来てもらった。そして使い方を教えてもらったのだが、風邪と坐薬とどういう関係があるのか――いまだにわからない。オッさんは実に奇妙キテレツな顔をして、

「日本に坐薬はないのか?」

と、聞くから、

「昔はあったが、今の人はこんな古くさい物は使わない」

と言ってやった。坐薬が取りもつ奇妙な縁で、それ以来急に仲よしになった。

国際免許証の件はあまり心配しなくてもいいことがわかった。免税のカルネさえ整えれば、パリでフランスのはとれるし、これでヨーロッパは通用するはずだ。またイタリアなどはすぐ国際免許証をくれるそうだから……。

パリはまだ少し寒い。

パリ見物

毎日、鼻唄《はなうた》まじりにパリの街をスクーターで回っている。パリほど見物する場所の多い所はほかにないと思う。毎日毎日がやたらとおもしろい。初めて東京に出て来た

田舎の人の気持ちもこんなではないかと思う。モンマルトルへ登り、シャンゼリゼを走り、セーヌの河っぷちで昼寝をした。またブローニュの森を走り、花畑を見に行ったこともある。道ばたで店を開いているカフェを回ったり、ブドー酒をスタンドでやらかしたり、教会を見て歩いたりもした。パリを走り回っているとあちこちでキス・シーンにお目にかかる。初めはこっちがはっとして変な気になった。考えてみると向こうが平気でやっているものをこっちがはっとするなんてバカバカしい限りだ。しかしだんだん慣れてくると、奇妙になんとも思わなくなるものだ。

　そのうちにぼくは、女の下着屋が非常に多いことに気づき、ひまにまかせては立ち寄り、研究するようになった。店の人はぼくのことを下着の研究にパリに来たと思ったかもしれない。

　不思議なことにスクーター旅行を始めてからは、一度として道に迷うことがなかった。どんなおハツの町々でも、感じというか、ニオイというか、妙な霊感を発揮することができて、思った所どこへでもたどりつける。あと一カ月も遊び回っていたら、タクシーの助手くらいにはなれるかもしれない。しかし四六時中遊び回っているわけでもない。頭の片隅にはいつも音楽のことがあった。それで音楽会にはよくかよった。昼間はバタバタで街を見物し、夜はそれで音楽会にかけつける。こんな奇妙な生活も外国でなければできないだろう。

そのころは、この先きどうやって勉強しようかとか、どのくらいヨーロッパにいられるだろうかなどという計画は皆無だった。どの先生に指揮を習うかということも考えていなかった。しかし音楽会に通っていると、音楽の道を選び進んでいる自分が非常に幸福に感じられたし、またやり甲斐《がい》のある仕事にも思えた。同時に音楽をやりたいという気持ちが自然に昂《こう》じて来た。後でいろいろな人に聞くと、音楽志望でヨーロッパに来ると、土地の生活に慣れるまでは自信を喪失する人もいるらしい。しかし、ぼくは自然に音楽に親しむことができた。音楽を聞いていても、自分が指揮を専門にしていることなど忘れるくらい、音楽そのものに陶酔することができた。それがよかったと今でも思っている。

棒ふりコンクール

六月のある日、江戸京子さんに会ったら、

「国際指揮者コンクールがブザンソンで行なわれるわよ」

と、教えてくれた。

「棒ふりコンクールか」

「そうよ」

ぼくのヨーロッパへ来た目的は棒ふりの修行である。

「そりゃ一発やってみたいけど、どんなふうになっているのかな」

「私がかよっているパリ国立音楽院の玄関に、たしかコンクールのポスターが貼《は》ってあったわ」

さっそくぼくは、江戸さんに連れられてパリ音楽院に行った。たしかに玄関にそれらしいポスターが貼ってある。しかしポスターに書いてある細かい条件や申し込み方法などが、ぼくのおぼつかないフランス語では、とてもわからない。それで江戸さんに通訳してもらうと、どうやらぼくにも資格があることがわかった。

その時のぼくはもう半年も指揮をしていないので、本当は指揮をしたくてたまらなかった。しかもわずかな申し込み金でそのコンクールを受けることができるのだ。たとえ落選したところで、フランスのナマのオーケストラを一回でも指揮することができれば、それだけでも十分意義がある。そう思って応募することにした。そしてさっそく書類を出した。ところが手続きの不備で締切り日に間に合わなかったが、このままあきらめる気もしなかった。それで最後の綱とばかり日本大使館にかけ込んだが、どうも思わしくない。しかしまだあきらめることはできない。こんなチャンスはそうそうころがっているものではない。ぼくはふと友人から聞いていたアメリカ大使館の音楽部のことを思い出した。こういうばあいに便宜をはかってくれるかもしれない。ぼくはコンコルド広場の近くにあるアメリカ大使館の中の音楽部を訪れた。奥まった一室に太ったおばちゃんが坐《すわ》っていた。このおばちゃんはマダム・ド・カッサといって、その昔、ニューヨークでなんとかいう弦楽四重奏団の第二ヴァイオリンを弾いていたのだそうだ。

ぼくは今までの事情を説明して、

「日本へ帰る前に一つの経験としてブザンソンのコンクールを受けたいのだが、今からなんとか便宜をはかってもらえないだろうか」

と、頼みこんだ。

すると、

「お前はいい指揮者か、悪い指揮者か」

と、聞かれた。

ぼくはでっかい声で、

「自分はいい指揮者になるだろう」

と、答えた。

マダム・ド・カッサはげらげら笑いだした。しかしすぐに長距離電話で、ブザンソンの国際音楽祭事務所を呼び出して、

「遠い日本から来たのだから、特別にはからって受験資格をあたえてやってほしい」

と、頼んでくれた。

向こうの返事は、今すぐは決められないから、二週間ほど返事を待ってくれというのだ。しかしその二週間を遊んでいるとコンクールを受けると決まった時にあわてるから、スコアを買って読んでおけと、マダム・ド・カッサは親切に言ってくれた。だが、応募できると決まったわけでもないので、ぼくはどっちつかずの気持ちで大して勉強もしなかった。それでもスコアだけは買った。船とスクーターと、パリ見物、下着屋見物とですっかり音符にご無沙汰《ぶさた》していたので、コンクールのためにスコアを読み始めた時は、オタマジャクシが異なる物に感じ《い》られて、なんだかシックリしなかった。一番困ったのは、長い旅行と、パリでの安めし屋がよいの結果、栄養失調気味で血が足りなくなり、何をやっても体がすぐフラフラすることである。だから、血が上がったり下がったりするエレベーターが一番苦手だった。コンクールの日に最もいいコンディションに持っていかなければならないのに弱ったなと思っていた。すると見

るに見かねて、堂本印象氏の甥《おい》の堂本尚郎画伯が、風光明媚《めいび》な南仏のニースへ招待してくれた。ぼくは喜んでとびつき、体力を作りがてらスコアを抱えて行った。しかし体力を作ることに夢中なあまり、直射日光に当たりすぎ、日射病にやられたのは不覚だった。目は廻るし寒気はするし熱は出るしで、いいところはなかった。だから海岸でビキニ姿にもあまりお目にかからず、もっぱら半病人のようにニースの山の上にいた。

そんな時、パリのアメリカ大使館から速達が来て、コンクール受験の資格を取れることが正式に決まったと言って来た。ぼくは喜んで、すぐパリに戻った。

それからは本腰を入れて、コンクールの準備のためのスコア読みにかかった。準備期間が短いのでモーレツにやった。朝起きてから夜寝るまで、スコアを離したことはほとんどないといっていいくらいだ。食事をしながらも夢中で暗譜をやったので、食べたような気がしなかった。だから食堂を出るとまた腹がすくようで、

「おい、ほかに何か食い物はないのか」

などと言って、友人に笑われたこともしばしばだ。

そのころ、ぼくは大学都市のイギリス館に住んでいた。この建物はイギリス政府が建てたものだ。まだ当時日本人の知り合いといっては幾人もないぼくは、おもにイギ

大学都市の学生のお祭。日本人の学生が踊っている。

リス館の中にいるオーストラリア人、イギリス人、アフリカ人、ソ連人とつきあっていた。彼らが精神的にも物質的にもぼくを援助してくれたことは、いまだに忘れられない思い出だ。とくにオーストラリアから来たピアニストのロジャーという若い男や江戸さんが、ぼくのために何度も何度も連弾してくれた。ぼくはそれを頼りに、実際に指揮するようなつもりで烈《はげ》しく手を振った。終わるとくたくたに疲れた。しかし、これが一番いい勉強になった。

　指揮をするには、ものすごく鋭敏な運動神経がいるものだ。マラソン選手が毎朝走る練習をするように、ぼくも手を振り体を動かす運動を続けた。試験だからといって普通の入学試験のように暗譜だけをやっていたら、体がナマってしまう。それでは大勢の人間の寄り集まりであるオーケストラを、自分の意のままに動かすことなど、とてもできるものではない。今後もぼくのように指揮の試験を受けようとする者があるだろうが、ぼくはその人たちに言っておきたい。

何より、柔軟で鋭敏で、しかもエネルギッシュな体を作っておくこと。また音楽家になるよりスポーツマンになるようなつもりで、スコアに向かうこと。それが、指揮をする動作を作り、これが言葉以上に的確にオーケストラの人たちには通じるのだ。ぼくが外国に行って各国のオーケストラを指揮して得た経験のうちで、一番貴重なものはこれである。

ブザンソンのコンクール入選

ぼくがコンクールの行なわれるブザンソンに着いた時には、連日連夜の勉強の後なのでかなり疲労していた。しかも、この町には日本人は一人もいない。金も欠乏し始めていた。なんとも心細い限りである。すでに九月になっていた。ブザンソンはスイス寄りの美しい町で、ヴィクトル・ユーゴーの生誕地として知られている。コンクー

ブザンソンは美しい。もう一度ぜひ行きたい。毎日川べりを散歩した。

ルは今年で九回目で、国際音楽祭と同時に行なわれる。

ぼくは学生向きの安宿に入った。その夜は各国から集まった若い指揮者の歓迎パーティがあるので出かけて行くと、飲んでいる奴《やつ》らはみな自信がありそうに見えた。ドイツ人、ソ連人はいかにも指揮者らしくものものしい。一番多いフランス人はイライラしながらも楽しそうに女の子と話している。アメリカから来た連中は国柄を表わしてか、いかにも明るく、土地の女の子と妙なフランス語で話しては笑いが絶えない。

誰もが、おれこそ一等賞だという自信にあふれているような顔をしている。しかしそれも無理のないことなのだ。若い指揮者の採用試験のようなものはいくつかあるが、正式な指揮のコンクールは世界でここだけなので、各国の政府が数名の応募者を派遣しているのだということが後でわかった。その中にはオペラ座の指揮者や、ロンドン・フィルのアシスタント・コンダクターなどの優秀な奴もまじっていた。ぼくは話し相手がいないので、コンクール事務局のブリジットという事務員ともっぱらしゃべった。話題がないから、

「イギリス、ドイツ、イタリア、ソ連には通訳がつくのに、日本にはどうしてつかないんだ？」

と、下手なフランス語で話しかけたら、彼女はヘンな顔をしていた。

第一次予選は九月七日。

これには五十四名(但《ただ》し実際に受けたのは四十八名)が応募した。日本人はぼくだけだ。だいたい日本人で応募したのはぼくが初めてだろう。これからどんなことがおこるのかわからないのだから、心細くてしようがない。外国人の応募者にまじって、言葉のよく通じないぼくが孤軍奮闘しようというのだから、その悲壮ぶりを想像していただきたい。ぼくたち受験者は予選当日になると、一人ずつ会場のカジノ劇場に呼び出されて、テストを受けた。やがてぼくの番が来た。曲目はメンデルスゾーンの「ルイ・ブラス」序曲。それを自分の好みの練習でオーケストラをしこむのだ。その間わ

ずかに八分、もちろんメンバーに指示をあたえることもできる。

試験となれば、やはりあがってしまう。そのうえ言葉がうまく通じないときている。だから的確な指示をあたえたくとも、ふさわしい言葉が浮かんでこない。そこでぼくは思った。よし、五体でぶつかってやれと。これが通ぜず落選したらしかたがない。その時にはスイスにでもゆっくり遊びに行こうとクソ度胸を固めた。ぼくは腕だめしのつもりで大胆に棒を振っていった。誰にもわかるように派手な身ぶり、手ぶり表情を見せて……。これだけはぼくもよく知っている世界共通の音楽用語「アレグロ」「フォルテ」などを連発しながら……。

審査員やオーケストラの連中は、ぼくの敢闘精神に驚いたらしい。お客ばかりでなくオーケストラの連中からもいっせいに「ブラボー！」という喝采《かっさい》が上がった。嬉《うれ》しかった。とてつもなく嬉しかった。ぼくは思いがけず、第一次予選パスの十七人の中に入ることができた。実のところ、それまでは市中をいかにも自信がなさそうに歩いていたぼくだが、その時からは急にみなに注目されだしたようで、もうあまり不景気な顔もできなくなった。

宿舎に帰る途中に花屋の店がある。ぼくはよほど嬉しかったのだろう。思わず花屋の店頭に入ると、ひとかかえの花を買った。そして部屋に帰ると、すぐさま花を美しく飾った、よその国の花に取り囲まれながら、たったひとりで、ぼくは今日の幸福をしみじみと祝った。

第二次予選は九日。

これがまた大変な難関である。課題曲はサン＝サーンスの「序奏とロンド・カプリチオーソ」とフォーレの「タンドレス」である。サン＝サーンスの曲はその場で初めてのソリストに、初めてオーケストラ伴奏をつけるという、いわば伴奏のテクニックといったもののテスト。フォーレのほうは、あらかじめ六十人編成の各パートの譜に、赤インクで間違った譜が書き込まれてある。ヴァイオリンが違っていたり、間違えやすいホルンとトロンボーンの音が入れかえてあるというぐあいに、都合十二カ所の誤りがある。それを五分間で発見して、完全なオーケストラに仕上げろという課題なのだ。ぼくはスコアを見つめ、神経をとがらして聞きながら棒を振っていった。またたく間に五分間は過ぎた。ぼくは十二の誤りをぜんぶ指摘することができた。このぶんなら受かるぞと思った。

発表を待った。その日の真夜中に発表があった。バンザイだ。合格者の六人の中に入っていた。この調子だといよいよコンクールに入賞するかもしれない。そうなれば、いろいろな人からインタービューを受けることになるかもしれない。そんな時にフラ

この花屋で一人で100円の花を買った。なつかしい所。

ンス語の下手なぼく一人ではどんなことになるかわからない。そんなことまで想像して、ぼくは急にパリに電話をし、江戸京子さんとヴァイオリンの前田郁子さんに来てもらうことを思いついた。

彼女たちは翌日すぐに来てくれた。達者なフランス語を使って、ジャーナリストやマネージャーとの会話の通訳もしてくれたので、不自由をしないですんだ。そればかりか、何よりもコンクール進行中、満員の客の中に日本人がいると思うことが、どんなにぼくを力づけ、目に見えぬ力となったかしれない。

いよいよ本選。会場はブザンソンのグラン・テアトル。課題曲は、ドビュッシーの「牧神の午後への前奏曲」とヨハン・シュトラウスの「春の声」、それに最後はフランス楽壇の大御所ビゴーがこのコンクールのために作曲した新曲で、妙チキリンな変拍子の曲である。これが問題だ。まず作曲者のビゴーが満員の聴衆を前にその曲を演奏して聞かせる。

その間、決勝の出場者六人はボーイスカウトに付きそわれて、防音装置で完全に遮《しゃ》断《だん》された部屋の中にいる。そこでこの課題曲のスコアを初めて渡されるわけだ。つまり「初見」だ。それを五分後にすぐ指揮するのだ。ぼくは六人のうちクジで、一番最初に出場することになった。不思議と落ち着いた気分で指揮台に上がった。指揮棒を取ると少しも臆《おく》せずすらすらと思う存分にやれた。あとで知ったことだが、ぼくの演奏している間に、作曲者のビゴーが、「ブラボー」と叫んだそうだ。

十一時半ごろにはぜんぶのテストを終えた。約一時間待たされてステージの上で発表になるのだが、その間お客さんもオーケストラの人もみな居残って結果を待っていた。ぼくはなんとかいきそうだな、とは思っていたけれど、とても落ち着かない気持ちだった。発表の時間が来るまでが、どれほど長く感じられたか。ぼくはオーケストラの人と楽屋で遊んでいたが、どんなことを話したかまったく覚えていない。

いよいよ発表の時間が来て、一等を呼び出す声が聞こえた。

「ムッシュー・セイジ・オザワ!!」

本選のあったグラン・テアトル。市内で一番大きな劇場。

するとお客さんやオーケストラの人々が、
「ブラボー、ブラボー、ブラボー」
と、歓声をあげ、すごい拍手が起こった。

ぼくは一等に入賞したのだ。たしかにぼくなんだと、ぼくは何度か自分に向かって言い聞かせた。そうでもしなければ信じられないような気持ちなのだ。ぼくはいつの間にか皆からステージの中央に押し出されていた。そして賞金と腕時計と、何やらフランス語で書いてある免状をもらった。

江戸さん、前田さんもすぐステージに上がって来てくれて、ペラペラのフランス語で通訳をしてくれた。この時、この二人がいなかったら、ぼくはどうなっていたかと後で思い、冷汗が出た。それから後はシャンペンが出て乾杯になった。その間もぼくはひっきりなしにカメラでパチパチとやられ、また新聞記者のインタービューぜめにあった。大変なことになったと思った。なにしろぼくにとっては初めての外国のオーケストラだし、曲はむずかしいし、フランス音楽が主なので、ぼくにはかなりの難関だった。けれども新聞記者の問いに対しては、「この程度のことは、日本の音楽教育の課程ではほとんど基礎的なことに過ぎない」と言ってやった。記者たちは驚いていた。

ここでぼくは、ぼくの育った東京の桐朋《とうほう》学園の音楽教育について説明しておきたいと思う。ぼくは斎藤秀雄《ひでお》先生のもとで指揮の勉強をしはじめ、日本を発《た》つまで先生のもとで勉強し、あるいは助手のようなことをしていたのだが、この斎藤先生の指揮のメトーデは、基礎的な訓練ということに関してはまったく完璧《かんぺき》で、世界にその類をみないと、ぼくはいまでもそう思っている。

具体的にいうと、斎藤先生は指揮の手を動かす運動を何種類かに分類して、たとえば物を叩《たた》く運動からくる「叩き」とか、手を滑らかに動かす「平均運動」とか、鶏の首がピクピク動くみたいに動かす「直接運動」というような具合に分類する。そのすべてについていつ力を抜き、あるいはいつ力を入れるかというようなことを教えてくれた。その指揮上のテクニックはまったく尊いもので、一口に言えば、指揮をしなが

コンクールの次の日、カフェでの江戸さん(右)前田さん(左)のお二人。

らいつでも自分の力を自分でコントロールすることができるということを教わったわけだ。言い方を変えれば、いつでも自分の体から力を抜くということが、いつでも可能になるということなのだ。これはちょっと考えてみると、妙な理論かもしれない。しかし実際に皆さんがおやりになるとわかると思うが、力を完全に抜ききるということが、どのくらいむずかしいことか、それはインドのヨガや、いろいろな健康法でも、ときどきこのごろ言われてきていることだ。力を抜くということ、自分の筋肉の力を抜ききる状態をつくることが、指揮の一つのテクニックだとぼくは思っている。

それと同じようなことを、言葉は変わっているが、シャルル・ミュンシュも言っていたし、カラヤンも、ベルリンでぼくに教えてくれたときに言っていた。だからここでもう一回はっきりと、ぼくは斎藤先生、あるいは桐朋学園の音楽教育というものは、基礎的な面でたいへんすぐれているということを、身に沁《し》みて感じた。

もちろん音楽というものは、その基礎的なものから発して、いろいろと複雑になっていくものだから、一口に日本の音楽教育ぜんぶが、世界でいちばんいいなどということを言っているつもりではないけれど、こと基礎に関しては、非常にすぐれていると思うのだ。

自分のことを言うようでおかしいが、ぼくはどんなオーケストラへいっても、そのオーケストラが、あるむずかしい曲で合わなくなったり、アンサンブルがわるくなったりしているときに、ぼくのもっているテクニックを使って、必ずみんなのアンサンブルを整えることができるという自信をもっている。それはすなわち斎藤先生のメトーデによるものだ。それがオーケストラのほうからみると、セイジの棒は非常に明瞭《めいりよう》だという答えになって表われるので、ぼくとしては、指揮するばあいに非常に有利な立場に立つことができるのだ。

コンクールにパスしたおかげで、今後はいろいろなことが楽にやれそうだ。たとえば、イタリアでの演奏会ができそうだし、来年ここに来れば、ここでも指揮はやれるし、放送の可能性もある。

「ああ、よかった。これでもう少しヨーロッパに残れる」

賞をもらったときに最初にわいてきた喜びはこのことだった。

コンクールのご利益《りやく》

コンクールで一位になることはなかなか便利なことだ。

というのも、パリのブラジル館の館長が、ぼくの新聞記事を読んで、無条件で下宿させてくれた。ル・コルビュジエの設計したすごく贅沢《ぜいたく》な建物で、最近パリの大学都市の中にできたものである。普通ならここに入るには、四十人に一人という難関をパスしなければならないのだ。

またフランス滞在手帳もすぐ交付してくれた。これはなかなかもらえないもので、ぼくのように学校にも入らず、金も公式には出所があいまいなものは絶対にだめなのだ。

そのうえパリでの音楽会の招待券を送って来るので、どの指揮者のも聞くことができた。いまさらながらコンクールの成功をありがたく思った。これも、外国では、いかに芸術というものを大切に取り扱っているかという証左であろう。それに引きかえ残念なのは、ヨーロッパではこれほどまでに有名なコンクールなのに、日本ではまったく知られていないことだ。そのくらいだから、会場に外国の記者はいっぱいいたが、日本の記者は一人もいない。

コンクールの学生の部で一位になったのは、アメリカ人だが、この人のことはアメリカ大使館の音楽課で盛んに宣伝していた。ところが日本の大使館の人はあまり音楽に興味を持たないらしく、そういうことはいっさいやらない。自分のことだから言うわけではないのだが、これでいいはずはないと思った。日本のような小国は今後音楽や美術で外国に対抗しなければならないはずなのに……。

三日ほど、水の澄んだブザンソンの川で魚釣りを楽しんだ。ブザンソンは小型のウィーンのような町で、静かで芸術的な雰囲気《ふんいき》がただよっている。国際音楽祭を聞きにパリからも大勢の人が来ていた。コンクールがうまくいってほっとしたせいか、景色も今までと違って見えた。ただサインぜめにはまいった。街を歩いていても音楽会に行ってもカフェに行ってもサイン、サイン、サインなのだ。頭が痛いといえば、薬屋のおばさんがすぐアスピリンをくれるという始末だ。どの新聞にもぼくの名前が出ていた。コンクールが終わると、ぼくはまたパリに戻った。コンクールに入選したことはもちろん家と斎藤先生へ手紙で知らせた。

ベルリン便り

こんどはベルリンの音楽祭へ行くことになった。東独を通るのはよせとパリの友人から言われたが、飛行機では二倍以上の料金がかかるし、景色も見たいし、結局汽車にした。途中汽車がケルンの駅に二時間ほど止まったので、ラインの河っぷちを散歩した。ビールをガブ飲みした。さすがにパリよりうまいし安い。

ポツダムの西駅を通過すると、風景は急にひなびて来る。なんだか日本の東北地方

コンクールのあと三日ばかり毎日釣をした。向こうにビキニ・スタイルのフランス美人が現われたので対抗上はだかになった。

を走っているような気がする。女の子の服装も地味だし、目につく家も粗末だ。走っている自動車も旧式な型だ。

ぼくはビザがないので、国境で十マルク（千円ぐらい）とられた。東独のビザなどとれるはずもないのだから、やむをえない。兵隊だかポリスだか知らないがバカにいばっている。戦争中の日本のようだ。

ベルリンに着いたら、二週間ほどの間、毎日音楽会に行く予定だ。その間に田中路《みち》子《こ》女史に会ってドイツでのマネージャーについていろいろ相談にのってもらうことになっている。なるべくベルリンで音楽会をしたいが、初めはもっと小都市になるだろう。

そのころ、うちへ出した手紙がある。

九月二十六日　ベルリンにて

みんな元気？

コンクールの前一カ月くらいは何もかも夢中だった。どんなふうに過ごしたのか、今思い出そうとしても断片的にしか浮かばない。今は休養中。ただぼうっとしているのも気がきかないからベルリンの音楽祭に来たところ。

東ドイツを汽車で通ったが、西とくらべるとすべてが遅れている感じ。鉄砲を持った兵隊の姿が目についた。ベルリンには一昨日の朝着き、すぐ東ベルリンにもぐり込んだ。戦争の跡はなまなましく、まだ沢山の廃墟《はいきょ》が残っている。ヒトラーの死んだという場所も見物したよ。国立歌劇場とコーミッシェ・オーパーだけはすごい建物だ。昨夜はここでロシア・バレエの「ガヤーヌ」（ハチャトゥーリアン）を見た。「剣の舞」がすごい。東ベルリンの四マルクが西ベルリンの一マルクなので、四分の一の金でオペラが見られるんだ。

ベルリンの街はどこか東京に似ている。どちらも長いこと米軍がいたためだろう。つまりどちらにも米軍の影響が歴然と残されているということだ。しかし今のドイツは文化運動が盛んだ。もともとそういう国なのかもしれない。オペラ、オーケストラ演奏、芝居等の公演回数が多く、みな張りきってやっている。だから客が見たいと思えば、いつでもどこかでいい物をやっている。その点ドイツ人はしあわせだ。こんなに年中やっていても、結構客が入っている。どこからこんなに人が集まって来るかと思うほどだよ。若い人たちばかりでなく老人の姿も目につく。それにくらべて日本の音楽会では老人があまり目につかない。日本の老人たちはそれだけ情感に乏しいのだろうか。彼らにも若い時はあり、そのころは音楽会にかよったこともあるはずなんだが……。それが老人になると急に来なくなるのはどうしたわけだろうか。

コンクールが終わってから三日ばかり、ふ抜けみたいになって、毎日ブザンソンの近くの川で魚釣りをしたが、その時の写真を同封する。昼間は釣りをして、夜になると音楽会にでかけて行き、いろんな人に会うのだ。釣りとカクテル・パーティと音楽会――そのころの毎日は実に妙なとりあわせだった。

ベルリンに来る数日前に、ヴォイス・オブ・アメリカとフランスの放送局とで日本向けの録音をとった。その中で十五分ほど日本語でしゃべったが、もうそっちで放送したかしら。もしまだならぜひ聞いてほしい。もし聞いたら、どんなふうだったか手紙に感想を書いて送ってくれ。

一昨日、ベルリン・フィルの音楽会に行った時、意外な人に会った。誰だと思う？　ベルリン・フィルが仙台へ行ったときに兄貴と知り合ったピースクさんだ。ファゴット吹きだ。

「お前の兄貴によろしく、よろしく……」

と、大変なはしゃぎようだった。ピースクさんの家に招待されているから、い

ベルリンで男の祭に出会った。みなパジャマを着て行進(上)
大きな湖のほとりでヘタなブラス・バンドを始めた。カミナリ族がいて、後ろで女の子が運転手にしがみついている(下)

ずれ行くことになると思う。その時にはまたその様子を知らせるつもり。この二、三日のうちに、ベルリン・フィルのマネージャーに会うことになっている。なんとしてでも、来年あたりここで演奏会を持ちたい。

ポン（弟）もヨーロッパを一度見るといい。勉強になる。なんとかいい方法がないかな？　ボクがこっちでかせげればいいんだが、まだこの程度ではとてもだめだ。コンクールの次の日の新聞に出た切り抜きを送る。ネクタイが曲がっているだろう。

十月十二日　パリにて

とうとうピースクさんの家をおとずれた。ピースクさんは奥さんとお母さん、四つの女の子、八つの男の子と一緒に住んでいる。とても仕合わせそうだ。奥さん手製のすばらしくうまい菓子をご馳走《ちそう》になった。そのときみんなで写真をとったけど、ピースクさんが送ってくれるって。来年からベルリンに移るようになりそうだ。そうなったら、またしばしば訪れることになるかもしれない。

ここまでベルリンで書いたのだが、出しそこなってパリまで持って来てしまった。手紙が沢山来ているらしいが、ボクが家をあけていたので局にたまっているそうだ。明日とりに行く。

ふたたびドイツへ

パリに幾日もいる間もなく、またドイツへ行くことになった。

十月十六日　パリにて

パリは今、秋たけなわだ。

ボクは今夜ドイツのドナウエッシンゲンに行く。明日、明後日と四回、現代音楽祭があるので、それを聞きに行くのだ。非公式ながら招待されている。今久しぶ

ベルリン・フィルのピースク氏宅にて。夫妻と二人の子供さん。

りにひまができて、パリの町の中で飯を食っているところ。こっちは十月だというのにもう寒い。

十月十七日　ストラスブールにて（絵葉書）

手紙ありがとう。

今ドナウエッシンゲンに行く途中、ストラスブール（Strasbourg）に汽車が一時間も止まるので、朝飯を食いに出たところ。ここはフランスだが、ほとんどの人がドイツ語をしゃべっている。日本ではちょっと考えられない風景だ。駅の食堂とホテルの食堂は同じようなものを食わせるので食傷気味だ。それで町へ出て、カフェに入って食べることにした。

十月十八日　ドナウエッシンゲンにて

パリから汽車で、ちょうど十二時間かかった。ここで開かれる現代音楽祭はヨーロッパ一だそうだ。それだけに世界各国から著名な音楽家が集まって来る。日本人も出席している。パリからは戸田邦雄氏、篠原真氏が来ている。日本から直接来た人では秋山邦晴氏がいる。音楽祭は昨日から今日にわたって開かれる。

ブザンソンに来ていた人がずいぶんここへ来ている。それでボクはおめでとうを言われたり、サイン攻めにあったりした。

ここはドナウ河の源だ。第二京浜国道くらいの幅の川が、ゆるやかに流れている。ビールの名産地としても知られている。ビールはもちろん安くてうまい。そのうえ、宿の待遇もいいし、食物もいい。空気まで澄んでいて気持ちがいい。

明日はまたパリに帰る。

東ベルリンのオペラ座の前で。秋山邦晴氏と。

食うむずかしさ

十月二十四日　パリ

今日はポンの誕生日だな。オメデトー。

この間、コンクールを終えたばかりだと思っているうちに、もう一カ月以上たってしまった。時のたつのは恐ろしく早い。油断してはいられないような気持ち。

今年いっぱいはパリにいるつもりなので、なんとか金をかせぎたい。仕事はあるのだけど、最初のうちの二、三年はあまりみいりにはならないのが常識らしい。食うことのむずかしさをつくづく感じている。来年になればベルリンに行くことになっている。ベルリン放送局が月給を出すというのでそれをもらい、その合間に時々音楽会をやるつもり。それにしても三年くらい楽に食えるような金がないと、いい条件でマネージャーに話せない。食うに困っていることを見破られると、すぐ足もとを見すかされるから……。

もっとも日本の楽団の人々のように、今日、日比谷《ひびや》でクラシックをやったかと思うと、明日の朝は放送局へ行ってドラマの伴奏をやって、夜はテレビでムード調のコンサートをやるといったような調子でやれば、食うのには困らないだろう。しかし、そういう例はこっちでは聞かない。これではいい音楽が育つわけがない。それにしても日本の音楽家はよく働くと思う。ではまた。

ぼくはそのころ疲労や風邪などが重なり、毎日ベッドで寝て暮らした。外国にいて体をこわして寝ているとまったく心細い限りだ。そして今までのいろんなことが思い出されてくる。コンクールの時の写真を眺めたり、家族の写真を出してみたりした。その中にはベルリン音楽祭のカクテル・パーティの時に、新聞社の人がうつしてくれた写真もあった。シェーンベルク未亡人やシュトゥッケンシュミット氏（批評家で軽井沢の現代音楽祭にも来た人）などのおえら方と自分が並んでいるのだ。それがなんだか自分ではないような錯覚がわいた。

パリでは世界じゅうの新車を陳列する会があったが、あいにくベッドに横たわっていたのでそれにも行けなかった。ぼくはかねがね行きたいなと思っていたので、とても残念な気がした。ぼくも本当をいうと自動車がほしかった。これから寒さに向かうので、スクーターはいろいろ不便だ。その点、自動車はいい。ましてヨーロッパでは安く買える。誰も贅沢品《ぜいたくひん》だと思う人はない。とくに田舎へ行くと、バスが一時間おきなどというのはざらなので、どうしても自動車が必要になってくる。金がまとまって入ったら、安い奴《やつ》でも手に入れたかった。

自動車と言えば、アウトバーンにはよくひまがあるとでかけた。フランスのも悪くないが、なんといってもいいのはドイツのだ。みな百キロ以上も出して走る。見ていてこっちがかえってこわくなるくらいだ。傑作なのは西ドイツから東ドイツを通る時だ。途中に鉄砲を持った兵隊が立っているが、このバーンだけは無条件に通行を許されるのだ。しかし、ガソリン・スタンドがないから、途中でエンコしたら大変なことになる。そのままラチされないとも限らない。

ぼくが住んでいたのはコルビュジエが設計した例のブラジル館だ。部屋に風呂《ふろ》までつき、至れりつくせりで申し分ないが、あまりモダン過ぎて落ち着かないのは、ぼくが田舎者のせいだろうか。ユースホステルや安ホテルのほうがどうもぴったりする。

ここには雨宮君（建築家）がとなりにいる。パリには絵描きの堂本尚郎氏もいてニース以来いろいろとお世話になっている。タピエスという絵描きとも、ジャズが縁で親しくなった。イサム野口氏とも二晩ほど飲むつきあいをした。変わった人だ。それに美人を沢山知っているのには驚いた。彼はセーヌ河のほとりのりっぱな家に住んで

「モーゼとアロン」初演後のカクテル・パーティにて。シェーンベルク未亡人と息子さん(左端)とともに(上)ベルリン音楽祭後のカクテル・パーティにて。シュトゥッケンシュミット夫妻(著者の両端)とともに(下)

いる。

パリの秋は実に美しい。いくらか重たい感じの空の色。黄ばみ始めたマロニエの葉。古い石畳。書いたらきりがないほど画材があちこちにころがっている。絵描きがパリに集まって来る気持ちはよくわかる。しかし音楽家にとってはそれほどいい所かどうかはわからない。第一、肝心のオーケストラがドイツのようにガッチリしていない。各自は、よい音楽家なのだが、団結心がない。おまけにぼくのような貧乏旅行者には物価が高いのは困る。

ノルマンディの修道院

日本を出てから十カ月くらいたったころが、一番ホームシックがひどかった。畳の匂《にお》いや日本語がむしょうになつかしくなった。両親のことや、成城、桐朋《とうほう》の学友、先生のことが思い出された。本場のブドー酒を飲んでも少しもうまく感じられない。美人も急に目に入らなくなった。それである日、医者の門を叩《たた》いた。

すると医者は、

「パリの毒気に当てられたらしい。さっそくパリから逃げるんだなぁ」

と、しゃれた診断を下したので、

「金がねえ」

と、答えたら、

「お前はキリストのほうかブツダンのほうか？」

と、ますます妙なことを言い出した。

「ブツダンならうちにもないことはないが、オレはどちらでもない。強いていえばアーメンのほうだ」

「それなら病院のかわりに修道院に入るといい」

「修道院？」

これにはさすがのぼくも唖然《あぜん》とした。

「あそこなら思う存分アタマをひやしてこられる。しかもただでめしを食わして泊めてくれる」

医者は処方箋《せん》のかわりに修道院への紹介状を書いてくれた。それでぼくは、ノルマンディの、一番イギリスに近いでっぱった半島の中にあるという、その修道院へノコノコとでかけて行くことになった。パリから汽車とバスに六時間も乗らないと、この小さな村に来られない。村から修道院のある丘まで、歩いて三十分はかかる。そこにチーズを作っている家と、小麦粉を作っている家にかこまれて、その修道院はたっていた。日本のトラピストの本家だそうだ。

季節は冬で、もう半月ほどもすればクリスマスというころだ。北の海からは肌を切るような冷たい風が吹いて来る。ぼくはふと真冬の桐朋学園の講堂を思い出した。しかも通された部屋というのが半地下室のような所で、陽が当たらない。そのうえ全部石でできているのだからたまらない。火の気など全然ない。そこがどうやらぼくに宛《あて》がわれた部屋なのだが、石の蒲団《ふとん》に寝かされないだけまだマシなのかもしれない。ぼくは覚悟をして来たつもりだが、それでもあまり寒いのでがたがたふるえていた。それを見ても、医者ならぬ坊主《ぼうず》はストーブか何かをくれるわけではなく、

「心配はいらぬ。お前は必ず元気になる」

と、自信たっぷりに断言するだけだ。しかし不思議なことに、神の力は恐ろしいもので、パリに帰る頃には少しやせはしたが、元気になり、ホームシックなんかどこかへ吹き飛んでいた。

さて、その修道院の生活だが、坊さんは若いのから年寄りまで四十人ほどが自給自足の生活をしていた。なかに一人、すごく年とった枯木のような人がいて、その人がオルガンを弾いているのを見ると、キリストがまだ生きていてオルガンを弾いている

のではないかと、錯覚を起こしそうになるくらいだ。

消燈は夜九時で、朝はもう四時半には叩き起こされ、ミサ堂に連れて行かれる。そこにはもう全員が白いものを着て坐《すわ》っている。聞くところによると、三時から起きているのだそうだ。やがてオルガンが鳴る。坊さんたちのすごく重量感のあるコーラスが始まる。グレゴリオ聖歌だ。第九交響曲のコーラスが始まると一種の感激がわくように、このコーラスも音楽としての説得力は強烈だ。ぼくもその仲間に入り、四線譜の曲を歌って、帰るころには坊さんたちと唱和できるようになった。昼間はほとんどの時間が労働である。ぼくも遊んで食わしてもらっている手前、仕事を手伝わないわけにはいかなかった。薪を山から馬で下ろしたり、豚のエサ運びなど一生懸命にやった。そうやって少しでも体を動かしていないと、寒さでこごえ死んでしまいそうなのだ。

修道院での食事について書いてみよう。十二時半に昼飯。スープ、豚肉、ウドン、パン、リンゴ酒——このリンゴ酒はノルマンディの特産だが、どうしたわけかあまりうまくなく、これを飲むと後で百回くらいゲップが出るのだ。それにチーズといった献立。夕飯は六時半。スープに卵焼一つにジャガイモ、チーズといった簡単なもの。

仕事を手伝うか、外を走り回るかしなければ寒くていられないことが、結局そのときのぼくにはよかったのだろう。坊さんとも仲良しになった。毎食出て来るチーズの匂いと、グレゴリオ聖歌、メシのまずかったこと、——これだけはいつまでも忘れられない。

その修道院から家に手紙を出している。

十二月四日　修道院にて

皆さん元気？　東京も寒いでしょう。親父《おやじ》さん元気にやってますか。ボクの歯は思い出したように時たま痛くなるから、今度こそ、日本に帰ったら徹底的に治療してください。クリスマスや正月のことを考えると日本に飛んで帰りたいようだ。

九月コンクール、十月ベルリンとドナウエッシンゲン、十一月の初めにフランス語の進級試験。そのあいまにはホームシックという奇妙な病気にもかかるのだから、忙しいわけだ。今はそのホームシックの治療に、ノルマンディの修道院へやって来た。その生活はあとでゆっくり書くとする。金がないので、クリスマス・プレゼントはできないかもしれない。そのかわりにカードを送ることにした。これは先生方や友人にも出すつもり。

それから、こっちに送ってもらいたいものをまとめて書いておく。
一、風呂敷《ふろしき》（数枚、こっちでお世話になった先生にあげるのに都合がいい）
二、白い木綿のワイシャツ（サイズは十四インチ半、演奏会用および公式用として二枚）
三、靴下（二、三足）
四、アルミゲル錠（胃の薬、ポンがよく知ってるはず）
五、ドイツ語の文法の本（やさしいのがいい、仙台の兄貴にきいてみてくれ）
六、漱石《そうせき》の「こころ」と「明暗」
七、ラビットジュニア用プラグ（点火栓、上の兄貴ならすぐわかるはず）
八、色紙と和紙（これは誕生日やその他のカードとして小さく切って使うが、大きいままでいい）
九、こけし人形（小さくて安い奴《やつ》でいいから、十から二十）
十、その他食料——焼海苔《やきのり》、海苔のつくだに、こぶのつくだに、醬油《しょうゆ》の罐詰《かんづめ》、こぶ茶、梅ぼし、ウニ、味噌《みそ》、しらたき、けずりぶし、海苔のついた煎餅《せんべい》、わさび粉、七色とうがらし。その他罐詰ならなんでも歓迎。なお湿気をうけやすい物はなるべく罐入りか瓶《びん》入りかにすること。書いているうちに思い出した物がある。飯櫃《めしびつ》（友だちを呼ぶ時に見せるのだ）、箸《はし》（数膳《ぜん》、安くていい）、茶碗《ちゃわん》、湯呑《ゆのみ》。

こっちに来てから、めっきり料理の腕前が上達した。洗濯もうまくなった。もっとも、部屋の中は相変わらずいろんな物をごたごたと積み上げてあるので、よく掃除のおばさんに叱《しか》られる。日本にいた時、おふくろさんに叱られたことを思い出す。

靴が駄目になったので、新調したら六千フランもした。だからそっちで買ってくれればありがたいのだが。十文七分。黒の皮。ズックでは困る。ポンよりひと回りくらい大きい奴がいい。ふだんばきにするのだ。

思いつくままに沢山並べたが、全部でなくてもいい。ただし今だとクリスマス・プレゼントになるし、そのばあいは税がかからない。

スキーは楽し

修道院から帰ると、パリの街では、いろいろクリスマス用の品物を売っているのが目についた。クリスマスも近づいたかと、ぼくは日本のクリスマスを思い出してなつかしかった。

　ぼくは都合二度ヨーロッパでクリスマスを迎えることになるのだが、二度ともチロルの山奥で迎えた。というと贅沢《ぜいたく》に聞こえるが、このほうがパリで迎えるよりよほど金がかからない。パリにいれば、やれ何々パーティだ、やれダンスの集まりだといった具合に、無駄な金を使わなければならないし、酒を飲むチャンスも多くなる。もちろん自分の部屋で蒲団《ふとん》をかぶって寝ている分には安上がりだが、そんな無粋なことはとても考えられない。

　ヨーロッパの奴《やつ》はふだんでも週末は土、日と続けてたっぷり休む。スキーでもそうだ。日本人のように二日か三日の休みをフルに利用して、十日分くらいのレジャーを味わって来ようなどというケチなのはいない。たいていは十日くらいの休暇をとって行く。そればかりでなくスキーの遊び方も鷹揚《おうよう》である。午前中二時間も滑ると、昼はゆっくり昼寝をする。そして午後の三時ごろまたスキー場に出て、夕方まで二時間くらい滑るという具合である。夜は夜で、かならずどこかでダンス・パーティが開かれていて、それに出席する。日本でのように、スキー場に行けば、朝から日暮れまで握り飯を頬張りながらスキーをやっているような人は見かけない。それではレジャーに行くのだか疲れに行くのだかわからない。大いに見習うべきことだ。

さて、スキーの話だが、最初の年はコンクールに受かって希望に燃えていた時なので張りきっていた。そして臨時に学生の団体に加えてもらった。仲間は、この年ロン・ティボー・コンクールで三位をとったヴァイオリンの石井志都子さん、ピアノの江戸京子さん、ヴァイオリンの加藤さんという顔ぶれ。日本の女性三人と野郎一匹が、四十人ほどの各国人種の入りまじった団体に入ったわけだ。出発当日の夜、パリの北駅に集合。それまで、どんな奴がいるかみなお互いに知らないのだ。つまり駅のプラットフォームが初顔合わせというわけで、そこで団長を決めるのだから、のんきといえばのんきだ。

団長は、プロヴァンス訛《なま》りのある医者志望の男だが、体がでかく見るからに乱暴そうなタイプである。産婦人科の志望だそうだが、およそ産婦人科らしからぬ医者ができあがりそうだ。団長のはからいで日本人四人は同じボックスに入れてもらった。ボックスには八人入れるので、ぼくたち四人のほかには女性が二人と男性が二人。その女性はティーン・エージャーだか、三十代のウバザクラだかわからないような怪しげな人たち。二人の男性はバカにきれいなスキーズボンをはいていた。団体旅行特有の、はなやかで浮き浮きした気分のうちに汽車はパリを出発した。夜遅いから、明日のことを思ってぼくはビールを一杯ひっかけて寝ようとしたが、どうも落ち着かない。というのは同室の怪しげな女たちとズボンのきれいな男たちが初対面の挨拶《あいさつ》をかわしたかと思うと、その二分後にはもうムツゴトをかわし始めた。やれお前の眉《まゆ》はきれいだとか、髪の毛の恰好《かっこう》がいいとか。いや、それどころではなく、今度は行動に移り出して、セーヌの河っぷちの恋人同士のような振舞いを始めた。

ぼくは気が気でなくなった。ナイトを自任しているぼくは、名実ともに三人の日本女性の保護を念願としていただけに、彼女たちが悪影響を受けることを恐れた。しかし日本女性はどうやら眠っているらしい。が、いつ眼覚めないともかぎらないので油断はできない。そうして自分一人だけ目をぎょろつかせていた。そのうちにいつの間にか眠ってしまったのだから、どうやらあまり当てにならないナイトであった。

翌朝眼が覚めたら、汽車はフランス国外を走っている。山が近い。気温も下がって来た。後で同行の日本女性から聞いてわかったが、なんのことはない、アベックたちの振舞いは一部始終見ていたそうだ。目を薄くあけて盗み見ていたのだろう。しかし眠りのさまたげになっただけで、別にいやらしいともなんとも感じなかったそうだ。大した度胸だ。ぼくが心配するほどのことはなかったわけだ。

やがて汽車は雪の町インスブルックに着く。オーストリアのザルツブルクからスイスの方へ寄ったところで、チロルの山の麓《ふもと》にあたる。市内を大きな川がゆったりと流れ、いかにも雪国の町という感じだ。何か陰鬱《いんうつ》な雰囲気が漂っている。それなのに困ったことにはどこを見ても雪がないことだ。一時間ほどバスに乗れば目的地のムッタース村に着くのだそうだが、そのバスの中でも皆目雪が見えない。しかし雪がないないと心配しているのは日本人ばかりで、一行はいっこうに平気なのだ。スキーのことなど忘れたように、ふざけたりさわいだりしている。しかしその晩うまくしたもので、雪がバカ降りに降って来た。彼らも手を叩《たた》いて大喜びした。

ムッタースという村はチロルの山の中腹にあった。ひどくさびれた村で、家らしい家は古い教会、ソーセージ屋、床屋、郵便局、スキー屋、ブドー酒を飲ませる喫茶店兼バーみたいな店——それらが一軒ずつあるくらいで、あとは何もない。下のほうを眺めるとインスブルックの灯が見える。その向こうはドイツにつながる山脈である。今ぼくたちがいるチロルの山はイタリアに続く。つまりスイス、ドイツ、イタリアの国境に近い所にいるわけだ。ここでクリスマスと大晦日《おおみそか》と正月を迎えるのである。

ぼくの宿はホテル風だが、よく見ると古風な旅籠《はたご》屋という感じだ。同宿者はリヨンの大学に来ているアメリカ人である。一見乱暴そうな男だが、案外気の弱い青年であった。ぼくの枕《まくら》の上に平気でスキーの靴下を放り出したり、裸で寝たり、ウィスキーを瓶からがぶ飲みにしたりする。そのくせ、人と話す時には相手の顔をまともに見られぬほど気が弱いというのだから、おかしな青年だ。しかしそこのところが魅力らしく、けっこう女性からモテていた。スキーは初めてやるのだそうで、インスブルックですばらしい新式のスキーと靴を買って持っていた。しかしいっこう上達する様子はなかった。日本の女性たちもこの男とは親しくなった。ぼくも正月が過ぎて帰る時には、ちょっと別れが惜しくなったくらい、いい奴だった。

スキー場の雰囲気は日本とほとんど変わらない。ただ大きな相違は滑る人がめっぽう少なく、昼飯時になると誰もいなくなることだ。日本人のように、メシ食うひまも忘れて遊びを楽しもうなどというケチな人間がいないことは、さっきも書いたとおりであった。

チロルっ子

ぼくたちは団体で来たので、初めの五

日本のお地蔵さまのようなものの前で

日ほどはみな強制的にスキー・クラスに参加させられた。ぼくはちょっとばかり滑れるというわけで、上級のクラスに入れられた。しかも先生が無茶な人なので、リフトを下りてからも、ずっと上までスキーをかつがされるのには閉口した。

その先生はチロルっ子だが、スペインのスキー大会に出場することになっていた。それで最後の日、ぼくたちクラスの卒業式をかねて、先生の送別会を催すことになった。それがまたたいへんな送別会なのだ。旅館でやればいいものを、山の上でやろうというのだ。ぼくたちはチロル地方の焼酎《しょうちゅう》のような、シュナップスの瓶をぶら下げて山登りをした。そして氷のように冷たい風がビュンビュン吹く尾根で車座になって酒盛りを始めた。シュナップスなどぼくは今まで飲んだこともない。匂《にお》いをかいだだけでツンときて、めまいがしそうだ。まず安いウォトカだと思えばいい。それも飲んですぐ寝るのならともかく、山を滑り下りなければならない。そう思うとうかつに飲むわけにもいかないので、すすめられても適当にあしらっていたが、みなが酔ってくるにしたがって承知しない。それにはわけがあった。

チロル地方の習慣で送別の時の酒盛りでは、つがれた酒は、一気にグイと飲まなければいけないのだそうだ。そうしないと、送られて行く主人公が途中で何かの事故に会うというのだ。これでは、どうしても飲まぬわけにはいかなくなるではないか。仕

われわれ日本人が来たので急に日本の国旗をあげてくれた。

方がないからぼくは目をつぶってエイとばかり気合いをかけて飲みこんだ。そしてアルコールが食道を通って胃におさまるのを待ってから、ほっとして目を開く。するとぼくのコップにはいつの間にかシュナップスがまたなみなみと入っているではないか。ぼくが目をつぶっている間にとんでもない親切な誰かがついでおいてくれたのだ。ぼくは「バカヤロー!」と感謝の言葉を言ってやりたいくらいだった。

そんなことを六、七度も続けているうちに、ぼくはかなり酔っぱらった。体がぽかぽかして冷たい風もあまり苦にならない。それはいいとしても、立ち上がると体の力が抜けて、頭はふらふらし、腰は定まらない。だから体が自由自在に動いて、さぞスムーズにスキーが滑れるだろうと先生にからかわれた。

　さて、みなで山を降り始めた。いつもなら、回り道になるがゆるやかな傾斜のほうを滑っておりるのだ。ところがその日はみな酔っているし、これが最後だということもあって、勢いに乗って近道の直線コースのほうを選んだ。ぼくもやむをえずその後をついて行き、グライダーのように滑った。もっともグライダーのように滑れたのは初めのしばらくの間だけで、後はさんざんの態《てい》なのだ。なにしろ、アルコールで麻痺《まひ》しているので、足の神経が働かない。だからちょっとした凸凹《でこぼこ》があるとすぐに引っかかり転倒する。やっとのことで麓《ふもと》にたどりついた時には、いびつな雪ダルマになっていた。ヨーロッパの果てまで来て雪ダルマになろうとは、ついぞ思わなかったことである。

　麓で、先生とみんながかわるがわる二十回くらいずつ握手をかわした。ぼくはまったく心身ともにクタクタになったが、みんなは割合平気な顔をして鼻唄《はなうた》などを歌っている。スタミナの相違であろうか。こういう相違はオーケストラを指揮する時にもいつも感じることなのだ。日本人はすべての点でスタミナが欠けている。熱しやすくさめやすいということは、そこから来ているのではないだろうか。もちろん食い物のちがいからもくるのだろう。

クリスマスと大晦日《おおみそか》

クリスマス・イヴになった。ぼくは日本のクリスマスのことを思い出した。ぼくには、前に書いたように、中学時代からのコーラス仲間があって、もう十一年間もささやかなクリスマス音楽会を続けている。そして音楽会の後では必ず夜の町をキャロルを歌って歩く。それはぼくの少年時代からずっと続いている大切な思い出だ。今年もきっとあの成城学園のミュージック・ホールと、暗い町の中でみんな歌っているんだろうなとなつかしく思った。しかし、銀座や新宿は浮かれ騒ぐ人たちですごいだろう。ピエロのような三角帽をかぶった人や仮面をかぶった男が千鳥足で歩いているだろう。

日本でもそうなのだから、本場のヨーロッパではさぞかしすごいだろうと思っていた。ところがどうもそんな気配はない。夕食の後で皆が一軒の宿屋に集まって、各国の民謡を歌ったり輪唱したりした。騒ぐというより何かを待っている雰囲気だ。その直感は当たった。それは夜十二時から村の古い教会堂で始まるクリスマスのミサに行くのを待っていたのだ。十二時近くなると、皆は申し合わせたように立ち上がり、オーバーをかぶって、雪の道を教会に向かった。あっちからもこっちからもひっきりなしに人の波が続く。村じゅうの人全部が教会に集まったようである。

なかにはトランペットやトロンボーン、チェロのケース、コントラバスなどをかかえているおっさんの姿も見える。彼らは、その教会専属のオーケストラなのだそうだ。聞いてみると、ファースト・ヴァイオリンが郵便局の局長さん、トランペットはソーセージ屋のおやじさん、コントラバスは靴屋のでっち小僧といったメンバーである。そしてヘンデルのミサ曲を演奏し始めた。コーラスは男二人に女四十人編成という混声合唱団だ。これも村のおばちゃんたちや娘さんたちである。まったくの素人《しろうと》の集まりで、お世辞にもうまいとはいえないが、ヘンデルのミサを全曲やられたのには、おどろいた。だが聞く村人達は大まじめでなんとも落ち着いたもの。もちろんダンスもさわぎもしない。ただキリスト様が生まれたことを心からお祝いするという気持ちらしい。ぼくは成城のコーラス仲間「城の音」のクリスマスを思い出し、ミサの間じゅう、「城の音」のみんなうまくやってるかなとばかり考えていた。

ぼくはその時、新しい音楽の意味を感じた。それは、いってみれば神様のためにだけある音楽――そのためならば、たとえどんな演奏でも、ヘンデルは限りなく美しいということだ。神様に感謝する気持ちがヘンデルを弾かせているのであって、問題は音楽する人の心にあり、技術の上手下手ではない。その心が人をうつのだ。そういう意味での音楽の使われ方、そういう意味での音楽の価値をぼくはその時初めて知った。純粋という点ではこれほど純粋なものはないような気がする。

教会の床は石でできているので、冷たさが足にこたえた。それでも荘厳《そうごん》な雰囲気にひたって、古い村の教会の中に二時間くらいはいたはずだ。

教会の周囲にはたくさんのお墓が並んでいる。その墓石の前の雪はきれいにかきよけられ、そこにローソクがともされ、心づくしの供物《くもつ》がいろいろそなえられてあった。教会からもれて来る音楽と雪山の静けさ、墓石に映えるローソクの神秘的な炎。それはしんしんと胸の中に沁《し》み通って来るような美しさである。キリストの誕生を祝う喜びといったものが、ぼくにも感じられた。これがほんとうの意味でのクリスマス・イヴに違いない。

その晩のミサは、ぼくたちが帰ってからも、まだ一時間くらいは続いたらしい。イヴはそんなふうだが、大晦日となるとまたがらりと趣向が変わる。大晦日が、むしろ日本のクリスマス・イヴみたいなものだ。それこそドンチャン騒ぎの連続である。夕飯がすむと宿屋という宿屋ではこの日ばかりは派手なダンス・パーティを催す。皆はそこにでかけて行く。イヴの晩に村じゅうの人が教会に集まったように、今度は宿屋のパーティ場に集まるのだ。そして田舎シャンペンをポンポンと抜き、酒盛りになる。

飲む者、踊る者、歌う者、女の子の尻《しり》ばかり夢中で追っかける者——そうした人たちがいりまじって、たいへんな喧噪《けんそう》と怒号の渦だ。やがて正十二時になると電気が突然消える。なかなかつかないので、どうしたのかとこっちはいらいらした。しかし外人どもにはそんな気配は少しも感じられない。ときどき意味深長な笑い声が聞こえるだけだ。暗くなれば暗くなったで、それ相応な楽しみ方を知っているに違いない。ぼくは日本を離れて毎度のことながら、外国人の包容力の大きさに感服してしまった。ところがやがて電気がついてから聞くところによると、なんのことはない、電気はわざと消したのであって、その間は誰にキスしてもいい風習なのだそうだ。それを聞いて惜しいことをしたと、ぼくは歯ぎしりをしてくやしがったものである。

騒ぎはそれで終わりかと思ったら、そのまま翌朝の七時ごろまで続いた。ぼくたち日本人のグループはとてもそこまではつきあえないので、途中から帰って寝てしまった。

そのころ家へ出した手紙が何通かある。

十二月二十八日　チロルにて（絵葉書）

チロルヘスキーをしに来た。

クリスマス　おめでとう。新年おめでとう。ゾウニやシルコが目に浮かぶ。

クリスマス・イヴには、この写真の教会に行ってミサを聞いて来た。この村ではダンスや何かをやって騒がない。神様しか考えない。スキーは十日やって、またパリに帰る。江戸さん、石井さんたちも一緒だ。たくさん航空便をありがとう。

一月十一日（一九六〇年）　パリにて

スキーから、またパリに帰って来た。久しくパリを留守にしたら、パリが見知らぬ別の町のように見えたよ。何しろヨーロッパに来てすぐコンクールにうかったので、なにかと用事が多く、ひまがないのが一番困る。スキーに行けたのはせめてもの慰めだったよ。しかし、あんな感激的なスキーは、もう二度とできないかもしれない。ボクがヨーロッパに音楽を習いに来たのでなく、スキーをやりに来たのだとしても、満足できるようなスキーだった。そのことはこんどくわしく書く。ただその証拠を日本に持って帰れぬのが残念だ。せめてその時の道具だけでも持って帰れたら持って帰りたい。みんなを大いにうらやましがらせるために……。

石井、江戸の両君はデパートで靴、ヤッケ、ズボン、帽子、手袋を揃《そろ》えた。しかしボクは、

「スキーのうまい奴《やつ》はワイシャツで滑るんだ」

とかなんとか言って、なにも買わなかった。そのおかげで、チロルで最高級のしかも安い靴を買うことができた。アメリカで買えば六十ドルぐらいするやつが、チロルでは二十ドルなんだ。しかもボクは運のいいことに、靴屋のおやじにすっかり気に入られて、

「イガヤの兄弟」

「ベートーヴェンのマエストロ」

などとひやかされて、そのまた四割引きで売ってくれた。日本では絶対に見られない、豪華で丈夫なやつだ。一生使える。

おやじさんも金のことはだいぶ心配しているようだが、今送ってくれなくてもいい。まだこれからさき、どんな急な用事で必要になるかもしれないから。それ

に今度の渡欧も初めからそういう点で迷惑をかけないつもりで来たのだから。もう少しなんとかやってみるよ。でも今すぐでなくていいから、百ドルか二百ドルくらい送ってくれればありがたい。

小包二回ともたしかに受け取った。ありがとう。慰問袋をもらった兵隊の気持ちがわかるようだ。包紙を開けてから、しばらくの間あれやこれやと眺める。それから一つ一つの中身をしらべるという順序だが、その間の時間の楽しいことといったらちょっと表現できない。

江戸さんが色紙を見て大いに喜んでいた。もっともこれは外人にやるのだが……。

故郷の匂《にお》い

一月二十六日　パリにて

みんな元気ですか？　こっちはかなり寒い。

来年の夏から十カ月間くらい、パリの政府から金が出そうな様子です。フランス政府がボクのことを心配してくれている。それはたしかにありがたいし、光栄な話だ。ただそれによってあまりフランスにしばられるのは考えものだと思っているけど。目下思案中というところ。

パリに一カ月いると百ドルはかかる。そのうえ、ボクには旅行が必要だから、百五十ドルかかるとみなければならない。まだ確固とした収入はない。音楽に関するアルバイトならあるが、ボクはやらないことにしている。一流のマネージャーとの話し合いの時に足もとを見られるから。ボクはちゃんとしたコースで指揮者として働けるようにしたい。指揮で食うには三年ぐらいかかる。なにしろ一年さきの仕事の打ち合わせをするのだから気が長い話だよ。しかしそのうちにも金は少しずつ入って来そうだ。

また書く。手紙をくれ。さよなら。

その後、急な用事ができて、ベルリンへ行くことになった。パリとベルリンのちょうど中間くらいになるザールブリュッケンで、汽車は一時間くらい止まった。駅の食堂であまりうまくないめしを食い、絵葉書などを買った。だいぶ一人旅にも慣れた。

ベルリンでは、ちょうどカラヤンのレッスンがテレビで放送されていた。その放送の時、田中路子《みちこ》女史も見に来ていた。そしてぼくの背広を見ると、音楽家も舞台に出るかぎり皆の目に触れるのだから、やはり流行の背広を着たほうがいいと言って、ぼくをデパートに連れて行き、背広をプレゼントしてくれた。まったく親切な方だ。帰る時にはザールブリュッケンで一泊した。その日はちょうど日曜だったので、酒場では若い男女がビールを飲んで踊りながら、わいわいと騒いでいた。ぼくも土地の女の子のお相手をして踊った。

パリに帰ると、日本から小包が来ていた。五千円も切手がはってあったので、大いにびっくりした。それを見てパリの楽隊仲間が、日本のおふくろは景気がいいと驚いていた。小包を開けるのは毎度のことながら楽しいかぎりだ。ビニールぶくろ入りの梅ぼし、海苔《のり》には感激した。コブはその場で十枚くらい食ってしまった。飯をたいて、梅ぼし、海苔、コブ、ウニなどをおかずにして食うありがたさは、日本にいては絶対にわからないだろう。なんともいえない故国の味だ。それからガウンが入っていたのもありがたい。ぼくの部屋にはシャワーがついているので、それを使う時には寒いからガウンが必要なのだ。これから重宝しそうである。

音楽会への夢

ウィーンに来いといわれている。田中路子女史が放送関係の人や劇場主に紹介してくれるというのだ。もっとも、細かいことはヴァイオリンの岸辺君がやってくれるそうだが……。ぼくはその後さらにベルリンに行かなければならないし、イタリアでは夏前に音楽会を開くことも実現しそうだ。

夏は本当なら避暑にでも行きたいところだが、そうはいかない。アメリカのボストンへ行って、シャルル・ミュンシュからレッスンを受けられることになりそうだ。旅費は出してくれないので、それをなんとかフランス政府かアメリカから出してもらうなんて、うまいことを考えていた。もっともボストンに呼ばれるなんて夢みたいで、ぼくは想像もしていなかった。アメリカに行ったら、向こうでの音楽会も実現したい。ブザンソンのコンクールにお客として来ていたヴォイス・オブ・アメリカの特派員がアメリカに手紙を書いてくれたので、この話がもち上がったわけだが、このことは後でくわしく書く。

また、パリではルービンステインらのマネージャーをやっている人とも二月の初めに会う約束がある。会ってみなければどんなことになるかわからないが、ぼくはコンクールで一応名は知られているから、イチかバチか思いきってやってみようと思っている。何年か後にはおやじとおふくろをパリ見物させられるくらいになりたいものだ。

普通ならヨーロッパに来て一年といえば、まだ個人のレッスンでフーフー言っているところだ。その点ぼくはコンクールのおかげで急に仕事ができるようになったのでありがたいと思った。しかしいつも飛び回っているだけでなく、レッスンもちゃんとやった。コンクールの審査員だったパリの長老指揮者ビゴーがオーケストラを使って週一回教えてくれるのだ。しかも教授料はタダ。ビゴーは日本でいうと山田耕筰《こうさく》氏のような人で、なかなか張りきっている。そのほか、アール先生の友人のレオン・バルザンというアメリカ人にも教えてもらっている。

その後、ぼくは下宿を移転した。今までいたブラジル館は設備は申し分ないが、あまり近代的過ぎてなじめない。どこか静かで家庭的な雰囲気のある家があれば移転したいと思っていたら、うまい具合にあるフランス人の家庭に下宿することができた。ひっそりした所にある。フランス語の上達にも役立つに違いない。

エンビ服の校服

二月十六日　パリにて

手紙ありがとう。

おふくろの誕生日おめでとう。ボクはおやじの誕生日の十二月二十五日とポンの誕生日の十月二十四日だけは覚えている。ボクはおやじの誕生日を知っているのは、ポンが小さい時、よく十月二十四日を待ちどおしがっていたのを覚えているからだ。兄貴たちの誕生日を教えてくれ。つい忘れてしまって申しわけない。というのは誕生日がわかれば、その日に間に合うように何かを送りたいと思う。安い物でも、パリじゅうをスクーターで回れば、何か珍しい物が手に入るはずだ。

兄貴はスキーで足を負傷したそうだが、その後どうなの？　ギプスでも必要なの？　こっちではスキーで足を負傷すると、大げさに包帯なんか巻いて、いかにも「スキーでやった」といわんばかりにいばって街を歩いている。日本もスキーはすごいブームなんだろうね。それにしても一人で山へ行くのはあぶないんじゃないかな。ボクがクリスマスに行った山は、方向を間違えると、三日くらい歩かなければ人里へ出られないそうで、山の一人歩きはかたく禁じられている。

ボクは来月初めにもう一度ベルリンに行き、夏の音楽会の相談をして来る。六月の末から八月なかばまではアメリカのボストンへ行けそうだが、この手続きもこれからたいへんなんだよ。

十月はパリの放送局主催でリサイタルをやることにだいたい決まった。これはシャンゼリゼ劇場でやるが、入場料が五十円なので、きまって大入りになる。しかしはっきり決定するまでは口外しないでくれ。コンクール祝いのお金はありがたく頂戴《ちょうだい》した。仙台の兄貴からの分も入ってるんだって？　なにしろいつ病気にならないともかぎらないし、そうなると先立つのは金だから。もっとも一週間くらいたたないとフランスの金にならない。

三月二十九日　ロンドンにて（絵葉書）

みんな元気？

急にロンドンに来た。ロンドンは古い都だけあって、パリと似て渋い、よどんだような街だ。活気がない。絵に出て来るのと同じコウモリ、黒ハットの紳士が街を歩いている。

ウィンザー（古い城）に行ったら、中学校の生徒が全員エンビ服を着ていた。校服だそうだ。どうもこの街には親しみがわかない。表面だけを見て回っただけでそんなことを言うのは軽率かもしれないが、古いものが新しいものの芽生えをおさえているようなところがある。

自動車免許証を手に入れる

ぼくは日本で自動車運転の経験を持たない。もちろん免許証も持っていない。理論は知っているつもりだが、実地となると理論通りいくかどうか自信がない。

ぼくはある日、パリの教習所を訪れた。しかし初歩からレッスンを受けていたのでは時間もひまも金もかかる。ぼくにはとてもそんな余裕はないので、教習所の教師に、「オレは日本の免許証は持っているから、なんとか簡単にフランスの免許証がもらえるようにはからってくれ」

と、たのんでみた。

免許証の代わりに、学生証か米の通帳の古いのでも見せればいい。写真と何か日本語が書いてあれば、どんな物でも大日本国自動車免許証になる。国際語でない日本語の利点だ。

パリでの教習は初めから道路上でやる。日本のような箱庭式教習所はないからけんのんだ。この辺の感覚からして日本人と外人とには相違があるようだ。初めてハンドルを握った時には、少々恐怖というか、よたよたした。それでも四回くらいで試験を受けさせてもらえたのは、まあ、できのいいほうだろう。受験の通知は、パリの指定の道の角に何時に集まれという葉書が来る。でかけて行くと、五、六人えたいの知れぬ男女がたむろしている。それが試験官なのだ。日本の試験のことを想像して行ったぼくはちょっと驚いた。しかし、いかにも自由の国フランスらしい。

試験は五分ほどで終わり、アッケなくパス。その日に免許証をくれた。

故障続出のドライブ

そのころ、ぼくはトゥールーズという所で連続放送演奏会をやることになっていた。フランスの南、ピレネー山脈の麓《ふもと》でスペインの国境に近い所だ。それで免許証をさっそく利用するために、江戸さんの新車を借り、パリをはなばなしく出発した。今から考えればまことに乱暴な話だ。東京、神戸間くらいの距離を、自動車のハンドルなんぞたいして握ったことがないぼくがやろうというのだから。

早朝のパリを、緊張とともに出発した。何かのレースにでも出場するような興奮があった。おどおどと左右を注意しながら市内を抜けた。そのせいか、パリの町がいつもより二倍も三倍も大きくなったように感じられたのには、われながら苦笑した。やがてオートルート（自動車専用路）に出た。スクーターでは何度も通ったが、自動車だとだいぶ感じが違う。景色まで違うみたいだ。周囲の車が飛ばすので、そのほうにばかり気を奪われ、景色を楽しむどころではない。だいたい、自動車にはガラスや鏡や計器が多くて、スクーターのようには周囲の景色を楽しめないということを知った。花が咲いていても、匂《にお》いのやって来るのが、どうもスクーターよりは遅いようだ。

しかし具合のいい点もある。雨が降っても濡れないことだ。またブレーキを踏んで止まっても、スクーターのように片足を踊り子みたいに派手に突ん出して、ひっくり返るのを防ぐ必要がない。スクーターだといかにも地べたに這《は》いつくばっている感じだが、自動車なら胸をそらしていればいい。

その日は谷間の村境にあるホテルに泊まった。食事はひどくくさいビフテキを出され、ベッドといえば、バカでかいダブルベッドなのには恐れいった。食後ゆっくりコーヒーを飲みながら、地図を眺めた。ずいぶん乗ったつもりだが、まだ全行程の三分の一しか来ていない。明日じゅうには目的地に着き、明後日は朝からオーケストラの練習をする予定になっている。これでは間に合うかどうかわからないと思うと、少々あわてた。それにハンドルをがっちり握っていたので手がふるえる。

翌日は、いくら行っても見えるのは丘ばかり。上ったり下りたりの連続でいささかうんざりして来た。その気持ちが自動車にも通じたのか、突然妙なことが起こった。まっすぐ走ろうと思うとわきの草むらへ突込むのだ。くたびれた馬じゃあるまいし、草を慕う理由もないはずだ。念のため車を止めて前のほうを覗《のぞ》いたら、片方の前車輪の空気が半分抜けている。これで車体のバランスが崩れ、横道へそれたのだ。次は夕方のことだ。こっちが腹がへって来たと思ったら、突然ハンドルからクサい煙が吹き出してきた。ぼくはびっくりして車から飛び出した。アルジェリアのらんぼうな奴《やつ》が反乱を起こそうとして自動車工場にしのび込み、そこにあるだけの車のハンドル内に爆薬を仕掛けたのではあるまいか。そんなとっぴなことが頭に浮かんだら急にこわくなった（注　このころ、アルジェリア民族解放戦線のテロ活動が盛んに行われていた）。しかも周囲は森と草原ばかりで人の姿は見えない。ぼくはどうしたものかと思案していたら、ちょうど通りがかりの車があったので、それに便乗させてもらい、ガソリン・スタンドの人を呼びに行った。スタンドの

人は電気をパチパチとやってから、

「ラッカーが燃えたんでさ」

と、こともなげに答えた。買いたての靴の爪先《つまさき》が二、三日痛いのと同じ理屈だそうだ。

トゥールーズでの演奏会

目的地トゥールーズには、かれこれ真夜中に着いた。パリの放送局から連絡されていたホテルに乗りつけると、帳場の所でオーケストラのマネージャーが青い顔をして、こっちを睨《にら》みつけた。今来るか今来るかと昼間から何度もホテルに電話をしたらしい。そしてとうとうしびれをきらして、ご当人の登場となったらしい。気の毒なものだ。しかしぼくはひどく疲れていたので、相手になってやる気もせず、ビールを飲んで、ぐっすり寝てしまった。

翌朝は九時から、コンクール後初めての、フランス国内での指揮者としての仕事が始まった。練習してみるとオケの連中は人がよくて親切なことがわかった。オレのオヤジくらいの人がいる。こういう人たちと一緒に仕事をするのは格別楽しいものだ。

トゥールーズでの録音風景

ぼくはフランス人と一緒にいても、カッとなると、つい日本語が飛び出す癖がある。だから相手は目を白黒させるばかりだ。それでその時は初めから、「アン・ドゥ・トロア」のかわりに日本語の「イチ、ニの、サン」のかけ声で音楽を始めることにした。するとなんともスムーズにいき、ぼくのペースで気持ちよく仕事ができた。だから、そのオーケストラは今でも、「一、二、三」の日本語はおぼえている。

トゥールーズでは約束どおり二週間近く指揮をした。その間、オケの楽員さんたちが代わりばんこにぼくを夕食に誘ってくれたり、夕方、近くのピレネー山脈の麓《ふもと》までドライブに誘ってくれたりした。こうしてすぐ親しくなれるのも音楽のおかげである。

音楽はたしかに万国共通語で、これを知っているぼくは幸福だと思った。全部の演奏、録音をすませると、その場で金をもらった。八万円である。ぼくはその八万円の金を持って、久しぶりに旅に出た。カルカソンヌという、地中海へ向かってトゥールーズから百キロほど行ったところだ。丘の上に十五世紀の古い城がそのまま残っていた。ギラギラした南の太陽。澄んだ空気。なんというのか名前は知らぬが、楽しそうに小鳥が飛んでいた。ぼくは長い間見失っていたものにふとめぐりあったような気がした。それからスペインとの国境のピレネー山に登り、スキーをやった。見渡すかぎりの白銀の世界に、滑っているのはぼく一人である。リフトもぼくが行くと動き出すといった具合。スキー場を一人占めにしたような痛快さを味わった。二週間近く毎日八、九時間も指揮した後なので、このスキーはとくに楽しかった。また運動不足が解消し、体の調節にもよかった（実はこのスキーのためにわざわざパリからスキー靴を、放送局には内緒で持参していた）。

戦争は終わっていない

いったんパリへ帰った。それからパリの放送局での仕事に間があるので、ベルリンの田中路子女史の所へ仕事の打ち合わせに行った。途中ボンを通る。戦争の跡がなまなましく、崩れた家や焼けただれた木がそのまま残っている。雑草が茂り、花が咲いている。その花の美しさが目に沁《し》みるように感じられた。

芸術を愛する人間の多いヨーロッパで、なぜ戦争なんか起こったのだろうか。西独と東独の国境のあのとげとげしい空気はなんだろうか。戦争はまだ終わっていないし、これからも起こらないとはいえない。どうして、もっとこの世には美しい音楽があり、美しい花があるということを信じないのだろうか。

ベルリンでは、田中路子女史に、来シーズンのベルリンでの仕事を頼む。その後、ベルリン・オペラのオーケストラを使ってカラヤンが教えるレッスン。それを受けるためのコンテストにパスする。レッスンは十月、十二月、来年の一月、四月と受けるので、これはだいぶ先きの話だ。

またオランダへも行った。そして日本フィルハーモニーが呼ぶというパウル・クレツキー（Paul Klezki）というハンガリー人の有名な指揮者に会い、いろいろ音楽的な忠告などを受けた。

タングルウッドの音楽祭

アメリカへ行く

ブザンソンでのコンクールの時に、ぼくはボストン交響楽団の指揮者シャルル・ミュンシュ先生と知り合いになった。ぼくはミュンシュ先生の音楽が好きなので、その時、

「先生、教えてください」

と、お願いしておいた。

それで、ぼくは機会があったら、大西洋を越えてアメリカに渡り、ミュンシュ先生に教えを乞《こ》う機会を見つけるつもりでいた。そうしたら、ヴォイス・オブ・アメリカのヨーロッパ特派員が、

「ぼくの知り合いのクーセヴィツキー未亡人に君を招くように言ってやる」

と言って、手紙を出してくれた。すると、本当にクーセヴィツキー未亡人から招待状が来て、ぼくはボストン交響楽団のタングルウッド音楽祭に出席することになった。そこでミュンシュ先生の弟子となるためのコンクールを受けるのだ。

アメリカ人は開放的であるが、そのくせアメリカという国は、違う。他国人が入国するにはなかなかやっかいなのだ。ビザをとるのが非常にむずかしい。これは意外だった。自分の国の豊かさを知っているので、自然に他国人に対して厳重になるのではないだろうか。ビザをとるだけで一週間かかった。その間、毎日、パリのアメリカ大使館にかよった。ビザをもらうとすぐにボストン直行のジェット機の切符を買って乗った。国際線の飛行機に乗ったのはこの時が初めてだ。ボストンまで約九時間。その間じっとしていなければならないのでひどく退屈した。

日本を出て四日目に初めてフィリッピンの島影を見た時にも感激したが、初めてアメリカ大陸の一端を見た時にも胸がいっぱいになった。それまでの退屈などは嘘《うそ》のように吹き飛んでいた。

「これから新しい生活が始まるのだぞ。ヨーロッパでの生活もたしかに新しいものだが、それとは違った、また新しい生活が始まるのだぞ」

と、自分に言い聞かせてみた。ミュンシュの弟子になるためにはコンクールを受けなければならないので、その緊張感も作用して、その時のぼくは異常なくらい、いちずになっていた。それで飛行場に着くと、ぼくは周囲の奴《やつ》を押しのけてわれ先きにと飛び降りた。

ボストンの飛行場に降りてまず感じたことは、ヨーロッパの景色と違うということだ。悪くいえばカビのはえそうな、よくいえばシックで落ち着いたヨーロッパの景色とは違い、荒けずりで寒々としたハダをむき出しにしたコンクリートの建物ばかりだ。なんとなく戦後日本に進駐して来たGIを思い出した。そういえば、どこか羽田空港に似ている。その後知ったことだが、東京全体がアメリカの都市に似ているような気がした。

とくにアメリカの三流都市には、日本の第二京浜国道のような町筋が続いている。それでそのたびに日本のことを思い出した。街の中にある広告の仕方など日本にそっくりだ。まさかアメリカが日本の広告の真似《まね》などするわけがないから、日本が真似をしたに違いない。このままいくと、日本のことを外人は小アメリカと呼ぶようになるかもしれない。もしそうなら、バカバカしいことだ。

風景が似ているせいか、アメリカに来たら、ぼくはだいぶ日本に近づいたような気がした。これで知り合いの日本人でもいたら、大いに意を強くするところなのだが、あいにく、アメリカには知り合いはほとんどない。だから誰も迎えに来てくれないと思って、ぼくは税関を通って外へ出た。すると思いがけなく、パリで半年ほど前に知り合った日本人の数学の先生が、友だちを連れて迎えに来てくれていた。先生といっても年はぼくと幾つも違わず、ボストンで教壇に立っている人だ。ぼくはむしょうに嬉《うれ》しかった。この気持ちは外国を旅した者でなければわからないだろう。外国人同士なら抱き合って接吻《せっぷん》をするところだろう。ぼくは、何人かのために持って来たみやげをみなその人にやりたかった。

その先生の後ろには、バカでかい自動車があった。それは五年ほど型の古いものだが、最近先生が買ったのだそうだ。しかし免許証を持っていないので、運転は友人がするのだと、先生は元気な顔に恥ずかしそうな笑いを浮かべた。ぼくたちは自動車に乗りこんだ。運転はもちろん先生の友人である。ところがエンジンがかからない。何十回やってもだめなのだ。これは始動部の故障だろうから、その辺のタクシーの運転手に一ドルやって、タクシーで押してもらおうということになった。その間にエンジンをかけるのだ。それには大勢乗っていたのではまずいので、運転をする先生の友人を一人残して、ぼくたちはみな降りた。

やがて、タクシーとわれらのバカでかい自動車がのろのろと動き出した。次第に遠

く へ離れて行った。エンジンがかかったら戻って来るつもりなのだろう。ところがいつになってもエンジンがかからない。かからないはずだ。始動する時にかける自動車の鍵《キー》を数学の先生はすまして抜いて下りて来たのだ。そんなこととはつゆ知らずに、タクシーの運ちゃんと先生の友人とは、今にもエンジンがかかるか、かかるかと、飛行場をぐるぐる回っていたのだからあきれた話だ。

　しばらく回った後で、先生の友人は鍵がないことに気づき、戻って来たが、その時まで、先生は知らずに鍵をしっかりと握っていたのだ。しかも、飛行機の到着時間を知るのにいかに骨折ったかという話をぼくに得意になってしていたところなのだが、これでペシャンコになった。

　数学の先生などというのは、あまり現実的にはできていないらしい。あとで皆でハラをかかえて笑いころげた。

　アメリカに着いたとたんにこの失敗で、ぼくは二時間ほど炎天下で待ちぼうけをくわされたのだが、このような自動車による失敗は、その後も何回か続いたのだからやりきれない。

自動車での失敗

アメリカは自動車王国である。どこの家庭でも自動車のない所はない。なかには二台三台と、家族の数だけある所も珍しくない。それでぼくも、一カ月半ほどたったころ、オンボロ自動車を買った（もっとも事実は、もらったようなものなのだが——）。

ある時、その自動車に、ヴィオラの河野俊達先生を乗せて、ボストンからニューヨークに向かって走っていた。その日は特別暑かった。頭上にはギラギラした太陽が輝き、アスファルトの照り返しが容赦なく車のなかに入ってくる。ぼくも河野大先生も、初めはシャツを脱ぎ、上半身は裸で乗っていたのだが、そのうちにどうにも我慢ができなくなった。やがてズボンを脱ぎ、靴を脱ぎ、海水パンツ一枚になった。それでもまだ暑いのだ。異常なくらい暑いのだ。古自動車なので、エンジンが過熱したのだとぼくは思った。それで通りがかりにあったガレージに寄って、そこのおっさんに調べてもらった。

「だんな、驚きましたねえ」

おっさんはあいた口がふさがらないといわんばかりの顔で言った。

「冬の暖房器がつけっぱなしですぜ。これじゃ暑いわけですよ」

「えっ」

これにはぼくも驚いた。

「しかも一番熱い空気が出る所に目盛りを合わしてありますよ。雪の降る真冬向きの温度ですね」

結局、真夏の太陽の下で、裸になって暖房器つきの自動車を二時間も運転していたということになる。われながらあきれた。

この自動車には妙な因縁があった。ドライブをしている途中では一度もパンクをしたことがないのに、目的地に着くと、急にパンクをするのだ。そんなことが何度かあった。ボストンからニューヘブンのアールさんの所へ行った時も、家の前に迎えに出ていたアールさんの目の前でパンクした。あわててなおして、翌日ニューヨークへ向かって走った。そしてその晩一緒にめしを食うことになっていた友人のアパートの真下で、またパンクをした。そんなことがその後も二度ほどあった。この不思議な車はオールズモビルなのだが、今でもボストンの数学の先生の家の前で、ぼくの行くのを待っているはずだ（注　この数学の先生とは広中平祐《へいすけ》氏である）。

タングルウッドの音楽祭

話は前に戻るが、ボストンに着いた晩は、数学の先生宅に、パリの思い出話などをしながら泊めてもらった。翌朝早く、ぼくは長距離バスでタングルウッドへ向かった。そこでボストン交響楽団が音楽祭を開いているのだ。このバスに乗ってみて、ぼくはアメリカがいかに大きな国かということを痛切に味わった。時速百キロくらいで走っているのに、窓から見る景色は一時間くらいの間、ほとんど変化がないのだ。どこまで行っても草原ばかりである。緑一色で、気が遠くなるくらい単調である。おそらくインディアンが活躍していた、西部劇はなやかなりしころの時代とそう変わらぬような風景だ。そして忘れたころに町が現われる。バスはそのたびに息をつく。半日ほどそんなふうに走って、レノックスの山の中にあるタングルウッドという村に着いた。ぼくはここでこれから六週間を過ごさなければならないのだ。

電話を借りるために雑貨屋に飛び込んだ。雑貨屋だから日常品を売っているのは当然だが、薬から酒、絵葉書まで売っているのだ。ぼくはさっそく音楽祭の事務所に電話をして、日本の小澤が到着したと知らせた。やがて刺青《いれずみ》をした元気のいい青年が迎えに来て、宿舎に案内してくれた。

この宿舎はキリスト教関係の学校の寮で、外見はホワイトハウス並みに立派だ。ところが中へ入ってみると、寮よりバンガローに近いような造りで、殺風景きわまりない。ぼくは二人部屋に入れられた。ぼくの相客はウルグアイ人の若い指揮者だが、まだ着いてないとのことだ。部屋には雑然と椅子《いす》が置かれ、毛布が敷かれ、ひととおり人が住めるようになってはいた。

ぼくは音楽祭の開会式に出席するために、すぐ音楽祭の森へでかけた。そこは森というより山である。大自然の中で音楽祭を開くというのも、いかにもアメリカらしい、飾り気のない野放図な趣向である。式場に着くと何百人もの人たちが大合唱をしていた。曲は「ハレルヤ」。それは一時間後に始まる開会式の練習をしているのだということがわかり、ぼくも譜面をもらって歌ってみた。久しぶりに、本当に久しぶりに歌った。何か浩然《こうぜん》の気分にひたり、体も気持ちも、のびのびするようだった。見ると派手な恰好《かっこう》をした女の子が多い。後からわかったことだが、彼女たちは合唱隊とオペラ科の生徒だそうだ。

やがて開会式が始まった。わけのわからないアメリカ語の演説を一時間も我慢をして聞いた。それからさっき練習した「ハレルヤ」を歌い、フルーツポンチのパーティになった。その席上で、どこかで顔を見たことのある三人のアメリカ人に会った。向

こうから人なつこく近づいて来て挨拶《あいさつ》をしたので、

「どこで会ったっけ？」

と、ぼくは遠慮なく聞いた。

するとそのうちの一人が、

「ブザンソンのコンクールを一緒に受けたじゃないか。お前ははるばるアメリカまでコンクールあらしに来たんだろう」

と、ぶしつけなことを言うから、

「違う。ぼくはミュンシュ先生のレッスンを受けに来たのだ」

と、大きなことを言ってやった。

そのあとで、

「日本人が二人いるぞ」

と、教えてくれた。

この六週間の間、日本人には会えないものとあきらめていた時なので、そう聞いた時には心臓がドキドキするほど嬉《うれ》しかった。ぼくは夢中で飛んで行った。そうしたら韓国の人なので、ガッカリして席へ戻って来た。それからまたなんの気なしにその韓国の人のほうを見ると、その隣りに背の低い人が横を向いている。それがどうも日本人らしい。しかも二年ほど前に日本でお別れした、ヴィオラの河野俊達先生に似ている。見れば見るほど似ている。ぼくは狐《きつね》につままれたような気がしながらも近寄って行った。

「河野先生」

ぼくはまだ半信半疑ながら声をかけた。

すると先生もびっくりしたような顔をして振り向いて、

「ああ、小澤じゃないか」

と、なつかしい声で言った。

ぼくはこの先生の下で七年近くも勉強したのだ。なつかしさと嬉しさで声も出ぬほど胸がいっぱいになった。ぼくはいつまでも、感激に体をしびれさせていた。

おかげでそれからの六週間というもの、毎日、日本語がしゃべれたし、日本の思い出にひたることもできた。また励まし合うこともできた。

シャルル・ミュンシュの弟子になる

さて、ぼくは顔なじみのアメリカ人に、ミュンシュ先生のレッスンを受けに来たと

15,000人入るホールの前で、ヴィオラの河野先生と。

大きなことを言ったが、実はその前にコンクールのようなものがあり、それにパスした三人だけが先生のレッスンを受けられるのだ。だからパスしなかったらえらいことになると思った。三十人近い人がそのコンクールを受けた。

第一次試験は、オーボエ、ホルン、トロンボーン、クラリネットの四重奏曲のディクテーション（書き取り）。これには難なくパスした。次にモーツァルトの「魔笛」を指揮した。これもぼくにしては上々の出来で、コンクールの一位ということになった。おかげで、ミュンシュ先生のレッスンを受けられる資格を獲得したわけだ。驚いたことに、ミュンシュ先生はたしかに売れっ子には違いないが、それにしてもスケジュールを見ると、連日、音楽会でぎっしりつまっている。そのためぼくも毎日スコアを見ることになった。まったく明けても暮れてもスコアと首っ引きの六週間なのだ。

　この期間ほど音楽のことばかり考えて暮らしたことはない。同時に太陽と地球、草と小鳥、湖とビールに最も親しめた。それは最良の音楽境だし、アメリカが実にでかい国だと感じさせるに十分なものがあった。いわば活気と、飾らぬ若さと、青春の息吹きのようなものである。たしかにアメリカは今太陽がのぼったばかりというところだ。

　活気に溢《あふ》れているせいか、アメリカのオーケストラの音は妙にでかく感じられた。そのでかい音のオーケストラを昼間苦労して練習をつけるのも、ぼくには楽しく新鮮に感じられた。なにか人間がひと回り大きくなったような気がするのだ。そして夜になると、ほとんど毎晩ミュンシュ自身が指揮する音楽会が開かれ、陶酔境にひたることができた。ベルリオーズの「ファウストの劫罰《ごうばつ》」、ラヴェルの「ダフニスとクローエ」、ベートーヴェンの「第九」交響曲などの演奏会には、コーラスの中にもぐり込んでぼくも一緒に歌った。いつの間にか、そうせざるをえない気持ちになってしまうのだ。

　ミュンシュの棒で自分の声を出した時の感動は今も忘れられない。ミュンシュとぼ

タングルウッド音楽祭の練習風景

くの間には、先生と弟子というはっきりしたへだてがふだんはある。それを一足とびに越えて、両者が一つに重なる喜び——国境も人種も年齢の差も越えて、同時代に生きる喜びが湧《わ》くのだ。これは音楽的にも人間的にも、ぼくの一生忘れられない大きな体験だ。

ここのホールは一万五千人もの客を収容できる。それに付随して宿舎、食堂、貸しボート、貸し水泳パンツと、まず何から何まで揃《そろ》っている。いかにもレジャーの国アメリカらしい風景だ。アメリカのいい面が音楽と結びついて、一つの理想郷を作っているのだといえる。

ニューヨーク・フィルのバーンスタインも、二十年前ここで勉強したのだ。当時はクーセヴィツキーが教えたのだそうだ。ここととクーセヴィツキーとはあらゆる意味で離すことができず、音楽に関係あるものでは、クーセヴィツキー記念賞があり、クーセヴィツキーの教会まである。日本でいえば東郷神社とか乃木《のぎ》神社とかいうようなものではないだろうか。しかし日本には芸術家の名を冠した神社どころか、パリのように街路さえもない。芸術家を遇することのいかに貧しいことか。

ミュンシュの思い出

ぼくはミュンシュの弟子になりたい一心でアメリカに来たくらいだから、どれほどミュンシュという指揮者が好きかということはわかってもらえるだろう。

ぼくが最初に彼の指揮する演奏を聞いたのは、パリのシャンゼリゼ劇場だ。その時はモーツァルトの「嬉遊曲《きゆうきよく》」とブラームスの交響曲を指揮した。モーツァルトはぼくがはっとするほどすばらしかった。そのナイーブで若々しい音の美しさがひたひたとぼくの心にとけ込んで、まるで今までのぼく自身がどこかに消えてなくなるようだった。その瞬間、劇場の中には、ぼくもモーツァルトもミュンシュも何もなく、ただ美しさだけが充満していた。ぼくはその後も時々その時の感動を思い出しては楽しんだものだ。

その次にミュンシュが指揮する演奏を聞いたのは、ぼくが第一回のコンクールを受けるためにブザンソンにでかけた時のことで、彼はそこの劇場で、ベルリオーズの「ローマの謝肉祭」の指揮をしていた。この時は完全に圧倒された。あの老体のどこからこんなにみずみずしい音を引き出せるのかと思った。とくに彼のベルリオーズにはたくまざる磨きがかけられ、純粋にぴかぴかと光っていた。一つの曲が指揮者次第でこれほど変わるということにぼくは驚かされ、体がふるえるような感激にひたったものだ。

指揮の仕方はいかにも自然で柔軟である。レコードのいい曲を聞いた時に思わず足で拍子をとったりするように、音楽の流れにのって自然に手が動いて行くといったふうな指揮ぶりである。そこには振っている棒もなければ腕も肉体もない。ただ音楽があるだけだ。これをダイゴミというのかもしれない。

ともかくブザンソンの音楽祭でミュンシュにうたれ、ベルリオーズの「謝肉祭」に感激したぼくは、じっとしていることができなかった。この感激を一人で秘めていることができなかった。それでそのコンクール後行なわれたパーティの時にぼくはミュンシュの姿を見かけると、思いきってその前に行った。

「ミュンシュ先生」

ぼくの声はふるえていたに違いない。ミュンシュはぼくのほうを振り向いた。しかしさっき指揮していた時の崇高な顔とは違って、ひどく気むずかしそうな目をしていた。ぼくは一瞬、たった今まで言おうとしていた言葉がノドに引っかかった。ミュンシュはますます気むずかしそうな顔をして、

「なんだい?」

と、ぼくのほうを睨《にら》んだ。

「先生の弟子にしてください」

ぼくははっきりとそう言った。断わられたら断わられた時のことだ。ぼくは今日までこのデンで生きて来たのだが、幸いそれがいつもいい結果を生んでいる。するとミュンシュは今度は面倒くさそうな顔をして、

「俺はどんな奴《やつ》でも弟子になんかとらない。だいたい、そんな時間がない。指揮というものは人に教えられるものではない」

と、ジェスチュアをまじえて話された。ぼくはがっくりきた。

「駄目ですか」

「しかし、もしお前がアメリカのボストンへ夏来たら、教えてやってもいい」

それだけ言うと、ミュンシュはもうぼくのことなど完全に無視して、周囲の人たちと談笑し始めた。しかしそれでも、ぼくには特別にいやな感じが残らなかった。これが普通の相手なら、何を生意気なと、かっと血が逆流するところかもしれない。なぜそうならなかったかというと、その時のミュンシュの顔には、今まで自分が楽しんでいたことを無理やりに中断させられて機嫌の悪い子供のような稚気と純真さが溢《あふ》れていたのだ。この時ぼくは思った。棒を振らせればミュンシュは名指揮者だが、それ以外のことではまったく子供のようだと。ぼくはその後ミュンシュとつきあうようになって、その時の直感が少しも狂っていなかったことを知った。

ぼくの念願がかなって、アメリカのボストンで六週間ミュンシュの教えを受け、その後またヨーロッパに来たのだが、その時、パリの飛行場でミュンシュに会った。そして一緒に飛行場で食事をした。何を話したか忘れたが、ともかくミュンシュは一人で夢中でしゃべっていた。その時、離陸する飛行機が猛烈にエンジンをふかし始めると、急に話を止めて飛行機のほうを見た。そして飛行機が飛び立って、完全に雲か何かに見まちがうほど遠くに小さくなるまで、じっと見つめていた。その間、周囲の婦人連や秘書が何かを話しかけても、全然反応を示さないのだ。そして飛行機が見えなくなると、今まで話を中断していたことなど忘れたように、また前の話の続きを始めた。ぼくは驚いたが、周囲の婦人連や秘書は当たり前な顔をしていた。それだけぼくより彼らのほうがミュンシュの性質をのみ込んでいるのだ。ぼくはその時以来、ミュンシュとつきあう場合は、彼の興味を惹《ひ》く物が消えるまでは、じっと待っていなければならないことを知った。こういうことは大人の世界にはない。子供の世界にだけあることなのだ。そうした子供の心が、彼の音楽をいつまでも純粋で若々しく、美しく輝かしているのに違いない。彼をよく知る者はそのことを音楽的な言葉で表現している。

「ミュンシュの目はフォルティッシモも作るし、ピアニッシモも作る。指揮をしている時の目には音楽以外の何物もない。彼は、真に純粋に音楽に生きられる最後の人かもしれない」

その賛辞がけっしてほめ過ぎとは思えない。そんな彼が、音楽を教えるものだと思わないのは当然だろう。だから彼に弟子入りを申しこんだ時いやな顔をされたのも、当たり前かもしれない。

それは彼の教え方にも表われている。ここをああしろとか、あそこをこうしろなどということは全然言わない。ボストンの音楽祭の時には、オーケストラを使ったレッスンを少し受けたが、その時でも彼が注意した言葉といえば、「スープル」「スープ

ミュンシュ指揮のボストン・シンフォニーの練習を
聞いて、老大家ピエール・モントゥーと批評し合う。

ル」と言ったくらいだ。スープルとはフランス語で、浮き上がるとか、フワフワするとかいう意味だ。要するに指揮する時に体や手に力を入れてはいけない。手などフワフワさせていればいいのだということらしい。心でしっかりと音楽さえ感じていれば、手は自然に動くものだということである。

ぼくがドビュッシーの「海」を指揮した時に、彼はわざわざ遠い自分の宿から音楽会場へ来てくれた。そして会が終わった後でも、

「力を抜け、抜け、頭の力も体の力も手の力もみんな抜け……」

と、同じようなことを言った。

そのミュンシュも今年の夏で引退を発

表したそうである。昨年の夏、ぼくはボストン交響楽団の音楽祭に招待されていたのだが、出席できなかったので、来年こそはどんな無理をしてでも出席するつもりである。

ミュンシュとバーンスタインとはまったくスタイルが違う指揮者なので、ぼくがニューヨーク・フィルハーモニーの副指揮者になったことを彼がどう思っているか心配していた。この四月、カーネギー・ホールでミュンシュとボストン交響楽団の演奏会が開かれていた。ぼくがそれを聞いた後で楽屋に行くと、ぼくの顔をちょっと見ただけで、

「マエストロー、マエストロー」

と、ミュンシュは部屋の隅からぼくを目ざとく見つけてどなった。

「ご無沙汰《ぶさた》してます」

ぼくはニューヨーク・フィルのことが気がかりなので、いつになく他人行儀な挨拶《あいさつ》をした。するとと心配するなといわんばかりに、

「よかった、よかった。みな知っているんだ」

と、フランス式に大げさにぼくを抱きかかえてくれた。そればかりでなく、ぼくがカーネギー・ホールで指揮した時の批評も読んでいて、その成功を自分の成功のように喜んでくれた。大好きなミュンシュに教わりたい一心でアメリカまでやってきてし

まったぼくだったのだけれど、そのミュンシュがこんなにぼくのことを心配していてくれるのを知って、ぼくはほんとうに嬉《うれ》しくてならなかった。

アメリカ便り

そのころのことを手紙でふりかえってみよう。

七月十一日　ボストン郊外　タングルウッドにて

その後おやじさんもおふくろさんもみんな元気?

アメリカ行きのビザをとって、七月二日にボストンへ飛び、三日の日にここレノックスの山の中のタングルウッドに来ました。三日から四日まで各種の試験に通って、やっと一等がとれた。三十人近い若い指揮者が、アメリカ各地、ドイツ、

ミュンシュ来日の折（昭和37年）、日本フィル練習場で。

イタリア、カナダ、チェコ、中国、韓国から集まった。ボストン交響楽団が市から莫大《ばくだい》な金をもらって六週間の音楽祭をやっている。その中の一大行事がバークシャー・ミュージック・センターの指揮コンクールなんだ。

これに一等をとったのだから、ボクとしても大いに自慢をしていいところなんだぜ。

ここから出た指揮者には、ニューヨーク・フィルのバーンスタイン（アメリカ一の人気者）やロリン・マゼールがいる。ボクはこれから五週間、毎木曜日の定期コンサートの指揮をすることになった。オケはバークシャー・ミュージック・センター・オーケストラという。そのほかに作曲家の集団の発表会の指揮もするので、メチャクチャに忙しいことになっちゃった。

世界に指揮者のコンクールといえば、ブザンソンとここしかない。もっともこのはコンクールというより、単に指揮者を選ぶための試験のようなものだが。ボクはその両方に続けて一等になったのだから、まあよく勉強していると思っていてくれ。まるでコンクール屋になっちまったけど、若いんだからあばれるだけあばれてみるつもり。

七月十二日　タングルウッドにて（絵葉書）

このホールで、毎木曜の夜、定期演奏会を開く。一万五千くらいの席がある。そのほか、この絵葉書より十倍くらい大きな森がある。木が鬱蒼《うっそう》と繁って、まるで未開の国に来たようだ。これが文明国アメリカの一部とはとても信じられない。その遠方から見ると樹木しか見えないような所に、驚くなかれ、室内楽用のホール、コーラス用のホール、食堂、教室、宿舎などがあるんだ。アメリカのやることはまったくでかい。日本でいえば北海道の大自然の中にあるようなもんだ。

ボクたちは二十年前に故クーセヴィツキーが初めて指揮の教育をした家で、調音やピアノのテストを受けている。

七月十五日　タングルウッドにて（絵葉書）

みんなからの手紙が来たとの知らせで、これから事務所までとりに行くところ。

昨日はここのホールでボクの初演奏会があった。これがバカに評判がよく、ボストンでの放送やメキシコ・シティでの演奏会が急に決まった。ここでの演奏会は五回やることになっている。毎日毎日勉強がたいへんだ。ここには来月の十五日までいて、あとはニューヨークに二週間ほどいる。もしひまがあればボストン、フィラデルフィアを見物して、九月末にはベルリンに行くはず。十月初めにはカラヤンのレッスンがあるし、十二月にはどうやらメキシコに招かれることになるらしい。

フジヤマ

今度うちへ手紙を書く時に、女ものの羽織の紐《ひも》を送ってくれとたのもうと思っている。ここの上役の奥さんが紐がなくて困っているからだ。日本の編んだ紐を見たら大喜びするのが目に見えるようだ。日本人でもそうだろうが、とくに外人は見たことのない外国の品を好む性癖が強いようだ。それから日本の絵葉書もほしいと思っている。日本へ来たことのある者は別だが、来たことのない者に、ビルも飛行機も自動車もあるといっても信じない者が多い。バカバカしいくらい信じないのだ。昔からいわれている通り、いまだにフジヤマと芸者しかないと思っているらしい。彼らの日本に対する知識のないことはおびただしい。日本人はインディアンと大差がないと思っているらしい。そういう徒輩に日本の絵葉書を見せて具体的に説明してやりたいのだ。だから観光地の絵葉書より、ビルや自動車のいっぱい出ている絵葉書がいい。しかしそれを見せると、

「これはヨーロッパだろう?」

そういうかもしれない。しかしもうそれ以上の面倒はみきれない。

八月六日　タングルウッドにて（絵葉書）

この絵葉書の写真が音楽祭の開かれている会場の正門。くたくたになって、毎晩ここから宿に帰る。宿は二人で一部屋。男ばかり四十人ぐらいいて、女は一人もいない。だから何もかもむき

タングルウッド音楽祭の開かれた会場の正面

だしな生活だ。ウンコは並んでする。しかも扉がないから、お互いに顔を見て話しながらやる。アメリカにこんな生活があるとは誰も想像もしないだろう。ボクは慣れるまではちょっと照れくさかったが、向こうの奴《やっ》は初めから平気な顔だ。

女の宿は別の所にある。ただ食事の時だけは男も女も一緒に同じレストランで食べる。だからこの時だけはボクたちも紳士づらをする。

望郷の念

二つのコンクールにパスして、生活も落ち着いてきたせいか、しきりに日本のことが思われてならない。地理的にみても、アメリカのほうがヨーロッパより日本に近いせいかもしれない。しかし来年の五月にはどうしてもアメリカにいなければならない。シカゴでアメリカ最初の国際指揮者コンクールをやるので、それを受けるつもりだからだ。

また来夏以後、ニューヨーク・フィルハーモニーかクリーヴランド・シンフォニーの副指揮者のポストがもらえるかもしれない。そうなると日本に帰る機会は六月ごろしかなくなるが、それも一月もいられたらいいほうかもしれない。学生時代ののんびりした休暇がなつかしい。なんの心配も気がねもなくのんびりと送れた夏休み。二カ月もあるので時には長過ぎるようにさえ思われた。しかし今思えばけっして長くはなかったのだ。そして一番意義ある生活ではなかっただろうか。

ぼくは今しみじみとそんなことを考えるようになった。予定が網の目のように張りめぐらされていてどうにもならないからだ。一年先きのことが決まっているのは、慣れないせいか、どうにも息苦しくてやりきれない。といってなんの予定もなかったら、食うほうの心配で気がいらいらすることはわかりきっているのだが……。

八月九日　タングルウッドにて（絵葉書）

みんな元気？　川崎は暑いでしょう。

ここではどうやら人気者に祭り上げられちまった。今までに四回演奏会を開いたけど、四回とも大好評。あと一回、十三日にあり、十四日でここのフェスティバルは終わる。最後の演奏会の時はボクの噂《うわさ》を聞いて、ニューヨークからアメリカ第一の批評家がやって来た。そして翌日のニューヨーク・タイムズにその記事が出ていたが、ミュンシュと並べてボクをべたほめに扱ってくれた。この音楽祭にはほかにもえらい人が沢山いるのに、ミュンシュ以外はボクだけしか扱わなかったことは大変なことなんだと、後で皆からいわれた。感激しちまったよ。

クーセヴィツキー記念賞第一号はバーンスタインがもらったのだが、ぼくはその夏の間、何回か行なった演奏会により、クーセヴィツキー記念賞第八号だかを六週間の音楽祭の終りにもらった。これはアメリカで一番強力な賞で、若い指揮者に与えられるものだが、この五年間誰ももらっていなかったそうだ。推薦者はミュンシュ、クーセヴィツキー未亡人、作曲家のアーロン・コープランドなどだ。ヨーロッパを発《た》つ時にはこんなふうになるとは夢にも考えなかった。もっと気軽な旅にでも発つような気持ちだったのだ。それが連続して演奏会を開くことになったうえ、クーセヴィツキー大賞までもらい、いろんな人にカクテル・パーティや夕飯に招待された。光栄だがいささか疲れもした。ただ嬉《うれ》しかったのは、伊藤ヨシ子さん、桐朋《とうほう》同級の志賀さん、ヴィオラの河野先生、二宮さんたちが一堂に会してぼくを祝ってくれたことだ。それだけでもニューヨークへ来た甲斐《かい》があるような気がした。

ジャズ

タングルウッドに来ていた音楽学生は二百人くらいはいたろうか。その中にメキシコ人の女の子がいた。オペラを専攻しているのだそうだ。彼女はいかにもメキシコふうの野性と情熱をたたえた顔をしていた。色も西洋人にしては黒いせいか、ぼくにも妙に親近感が感じられた。

ある晩、宿舎の近くの体育館でダンス・パーティをやっている時、急に会場がシーンとなったので何が始まるのかと思ってぼくはあたりを見回した。すると、彼女が皆の真ん中にギターを抱えて立っていた。アッパッパに毛の生えたようなあっさりした服を着ている。やがて彼女

この家で20年前にクーセヴィツキーが指揮のクラスを初めてもった。この丘の下にホールがあり、そこでコンクールを受けた。

はギターを弾き出した。ギターは音が小さいから、皆は聞こうと思って耳をすますので、あたりはますますシーンとなって来る。水を打ったような静けさだ。今度は歌を歌い出した。初めは彼女の国の言葉で歌い、次には英語で歌った。だいたいこんな意味の歌である。


私が住んでいる村のはずれに湖がある。

その湖はいつも冷たい色をたたえ、底知れなく澄んでいる。

私の父や母がこの湖を見ながら大きくなったように、私もそこで大きくなった。

そして私は今一人の青年を恋している。

その青年は湖の向こうに住んでいるのだが、私から去ろうとしている。

私は毎日思い出だけを悲しく抱きしめているが、いつかその青年が私の所に帰って来ることを信じている。


と、いった、バラードふうな非常に長い歌である。日本の民謡みたいなものだ。

皆しんみりとなった。真ん中で踊っていた人たちもいつか窓際《まどぎわ》のほうへ行き、空を仰ぎ見始めた。空には降るような星が光っていた。何か星でも見て心をしずめなければたまらなくなるような気持ち——彼女の歌にはそうさせるだけのものがあった。彼女もまた空を仰ぐようにして歌うのだが、その歌には、静かだけれど、心をえぐるようなエクスプレッションの強さがあった。

もちろん皆はアンコールを叫んだ。その叫び声はすぐにはしずまらなかった。大変な熱狂ぶりである。ぼくはなぜ皆がそれほど熱狂するのかということを考え、やがてその理由がわかった。もちろん彼女の歌い方もよかったが、それにもまして、歌そのものがいいのだ。ジャズとクラシック両方の雰囲気と、訴える力をもっている。それは結局幅の広さである。それはまたこういうこともいえる。もともとアメリカのジャズは、静かなバラードを受け入れられるだけの幅の広さを持っているということだ。ジャズがただ騒々しいだけのものだという考えは当たらないのだ。

ぼくはその歌が大いに気にいったので、これを覚えて、ヨーロッパへ行ってから皆に披露してやろうと思った。ぼく以外にも覚えたいという人がいたので、そういう人たちでグループを作って彼女に教えを乞《こ》うた。しかしうまく歌えないうちに音楽祭が終わり、彼女とも別れなければならなかったのは、かえすがえすも残念だ。

ジャズといえばこんな思い出もある。開会式の夜のパーティの時、トロンボーン奏者が五人ほど集まり、ピアノとドラムを使って即興演奏したのだ。ぼくはたまたま一

緒にいたボストン交響楽団のおえら方に、

「あのトロンボーン吹きたちはみなアメリカ人でしょう？」と、聞くと、

「そうだ」と、答えた。

「ふだんから一緒にやっているんでしょうね？」

「いや、皆違う州から来て、今日初めて顔を合わせたばかりなんだ」と、そのおえら方は言った。

これにはぼくも驚いた。というのは、今初めてそれこそブッツケ本番で合わせたにしては、実に見事な合奏ぶりだからだ。一人一人が実にうがったアドリブを入れ、ハーモニーを鳴らす。しかも一人が合図をすると皆が従うので、あたかも長年一緒に練習し演奏して来たかのように呼吸がぴったり合うのだ。かねがねアメリカの金管楽器はうまいと聞いていたが、まったくびっくりしてしまった。その後ぼくが指揮するようになってからも、金管楽器のことで困ったことはほとんどない。こんなところにもジャズの影響があるのではないか。金管楽器やクラリネットはジャズと密接な楽器で、ふだんから聞きなれているので、自然に興味を持ち、手にする機会も多いのではないだろうか。どこにもその国の特徴というものはあるものだ。

ニューヨークのグリニッチ・ヴィレジでは、黒人が演奏する、いわば本場のジャズ

を聞いた。演奏する人が黒人であるばかりでなく、聞いている人もほとんど黒人なのだ。初めはその場の雰囲気にひたれなかったが、そのうち彼らが黒人霊歌をやりだした。ドラムと金管楽器とクラリネットで黒人霊歌を演奏しながら、彼らは烈《はげ》しく体を動かし、のたうち回り、あるいは叫びあるいは泣く。それが少しもわざとらしくなく、いかにも自然なのだ。少しも嘘《うそ》がなく、無理がない。まったく彼らの音楽なのだ。すべてを忘れてその中に溶けこんで演奏できることほどしあわせなことはあるまい。そのしあわせの獲得のために、彼らは毎日指のトレーニングをし、声の調整をはかり、指揮者はスコアを読んで勉強する。

ヨーロッパからアメリカへ来たばかりの時は、いわば雑然としたジャズ的な空気に、どちらかというと戸惑いしたぼくだ。それまでずっとヨーロッパにいたせいか、何かエトランジェの気持ちだった。しかし次第にアメリカという国がわかるような気がした。ジャズがわかるにつれてアメリカがわかるような気がするのだ。ぼくたちが聞くジャズは騒々しい。しかしアメリカ人のジャズは少しも騒々しくない。つまり騒々しさを自分の肉体で処理できるだけのものを彼らはちゃんと備えているのだ。それがなんだと聞かれれば、結局それがアメリカ文明だと答えるしかないだろう。つまり彼らは足で地面を蹴飛《けと》ばしながらジャズを聞いている。外国の人はそこのところだけを見て、やれ騒々しいとか、やれ下品だとかいう。しかし音楽を感じている心はクラシック音楽を聞く心で感じているのだ。いわばジャズとクラシックとが彼らの体の中では区別されていないのだ。ジャズには本来そういう要素があるのだ。

それは何もジャズばかりではない。フランスのシャンソン、ドイツの民謡、イギリスの民謡も同じなのだ。そういうことを感じる時、ぼくはいつも日本のことを考える。日本のクラシック愛好家は狭い観念にとらわれている。ジャズ喫茶と日比谷《ひびや》公会堂とはまるで無関係な存在になっている。水と油だ。これは音楽だけに限らず、あらゆる面に存在している。古い日本と新しい日本がいつも敵視し合って生きているような感じを受ける。それがどれほど新しい日本の成長をさまたげていることか。しかし今度日本へ帰ってみて、その点では少なくともぼくが外国へ旅立った三年前よりは大きな前進を遂げていることを知って心強く思った。それでも今なおぼくには気がかりなのだ。

話は飛ぶが、ドイツのジャズはいかにも強烈だ。とくにベルリンのジャズがそうだ。ベルリンが現在朝鮮と同じように、国際危機の頂点に立たされているせいか、非常に刺激的なものや喧噪《けんそう》なものが多い。初めてベルリンへ行った時、街を歩いていると実に静かで、何かしみじみした音楽を聞いているような気持ちになり、珍しくしゅんとなった。ところが扉を開けて一歩バーに入ると、部屋じゅうに鳴り響くようなジャズをやっている。国境を越えて別の国に来たのではないかと思えるほどぼくは驚いた。

その後、十回以上もベルリンがよいをしたが、いつのばあいもそうだった。そのうちにぼくはベルリンがかつての日本と同じ立場に立たされていたことを知った。それは戦争の傷あとなのだ。戦争から辛うじて生きて帰って来たアメリカ兵が、突然の解放感から夢中で強烈な刺激を求めたのだろう。戦争でずたずたに引きさかれた彼らの心や神経は、当たり前なことには無感動になっていたのだ。今日ベルリンに残されているものすごいジャズはその残骸《ざんがい》なのではなかろうか。いかにもそれが本場のジャズであるような印象とともに。しかし、それはけっして本物のジャズではなかったのだ。あくまでベルリン化されたまがいもののジャズなのだ。だからベルリンの若者がたくましい体をゆすって憑《つ》かれたようにジャズに熱狂している姿を見る時、ぼくは何かそら恐ろしくなる。

それはかつての日本にもたしかに存在した。そして現在も存在しているようだ。戦争は終わった。しかしジャズに憑かれた異様な若者の目を見る時、戦争はまだ終わっていないのだという気がする。音楽ほど人を不幸にもすれば幸福にもするものはないかもしれない。しかし、不幸にするような音楽、それはけっして本物の音楽ではないのだ。パリにいた時は夕食後など、ひまがあるとよく自分でジャズを弾いたものだ。体も頭も軽くなり、ロマンティックな甘ずっぱい気持ちになる。こんな時ほど自分を解放させてくれるものはない。ジャズにはそういうものがあるのではないだろうか。

九月七日にニューヨークを出発して、パリ経由でベルリンへ行った。

バーンスタインに会う

クーセヴィツキー未亡人、ミュンシュ先生、コープランド、ニューヨーク・タイムズのH・ショーンバーグなどは、しきりにぼくにバーンスタインに会うようにすすめてくれた。バーンスタインはニューヨーク・フィルハーモニーの指揮者だから、ぼくが副指揮者になるためには会っておいた方がいいというのだ。その以前から、ぼくがニューヨーク・フィルハーモニーの副指揮者になるだろうという噂《うわさ》は出ていた。

当時、バーンスタインは世界一周の演奏旅行をしている途中で、ベルリンにいた。それでぼくも意を決して、ベルリンへすっ飛んだ。バーンスタインに初めて会ったのは、ベルリン音楽祭のパーティの時である。その時にはすでにぼくに関するいろいろのニュースが耳に入っていて、ぼくのことをよく知っているのには驚いた。おかげでぼくは初対面の人のような感じがせず、気らくに話すことができた。そればかりでなく、パーティが終わってから、ぼくとバーンスタインはバーめぐりをやり、音楽家としての生き方、オーケストラ談義などを長々とかわし、夜のふけるのも忘れた。その時にはすでにぼくがニューヨーク・フィルハーモニーの副指揮者になることが内定していたのだそうだが、こっちはそんなことは知らないから、初めは音楽知識のテストを受けているのではないかと思った。しかし、そんなこともすぐに忘れて、ぼくたちは肝胆相照らしたのだった。

バーンスタインはごく気さくな人で、つき合いいい人情家というところがあって、いい意味での典型的なアメリカ人だと思う。彼の生活態度は実にアメリカ人らしい活発さで、自分の仕事と自分の生活（自分の奥さんと、一人の娘と一人の坊やとの生活）をはっきり区別しているし、アメリカ人がよくやるように、週末には必ず休みをとる。

カーネギー・ホールで練習しているときには、彼の練習には、どんな人でも入って聞くことができる。あるいは彼のレコード録音もそうだ。極端にいえば、表通りのドラッグ・ストアでソーセージを焼いているオバさんたちまでが、仕事の休みに入ってきてそれを聞き、彼が休んでいればそこへやって来て、ごくろうさんとか、あなたのいまやっている音楽はすばらしいから、これが出たら自分はぜひ買いたいと思うなどと、励ましの言葉を彼にあびせているほほえましい風景にもよく出っくわす。

それからカーネギー・ホールの練習のあと一緒に飯を食おうということになる。ホールの玄関を出て、大通りを隔てた向こうのレストランに行こうとするとき、歩道のゴーストップを待ってゆっくり渡ればいいものを、歩道でもなんでもないところを、ゴーストップを無視して、車の間をチョコチョコと走りぬけ、こっちを向いて、さも自慢そうに振り返って、早く来いと手を振る。そんなところをみていると、元気な子どもっぽいところがあふれていて愉快でならない。

しかし一方、音楽の仕事に関してはまったく貪欲《どんよく》で、彼の部屋の壁には「予定を先行せよ」というモットーが掲げられている。彼の生活はまったくそのとおりで、一年先き、二年先き、三年先きの何月何日にはどういうことをするというようなところまで計画されてメモされている。いわゆる昔風の音楽家が気ままな生活をして、気が向いたときに作曲し、気が向いたときに演奏する、気の向いたときにピアノを弾くという生活とはまったくちがって、何月何日の何時から何時まではピアノを弾き、翌日の何時から何時まではどこそこで自分の書く本の構想を練る、というようなことまできまっているような生活態度には驚いてしまう。

いうまでもないことだが、彼の音楽的な才能は、誰も疑いをはさむことができないほどすばらしいもので、彼はフィラデルフィアのカーチス音楽院を、天才少年といわれながら卒業した、いわゆる音楽の万能選手である。彼がしている仕事のなかで、ぼくがとくに感心したのは、年に四回CBSのテレビでやる、青少年むきのテレビ・コンサートである。約一時間のプロだけれども、その一回の一時間のなかで、彼は指揮をし、解説もしゃべる。その解説のなかで、例題として自分でピアノを弾く。そして、プロデューサー、解説者、演奏家、指揮者という役割をぜんぶ一人でしょって、その一時間のプロを担当する。その一時間のために費す時間というものは、まったく莫大《ばくだい》なもので、二月も前からその台本を書き出し、テレビのカメラの移動その他、全部の筋を自分で作る。まったくレナード・バーンスタインの責任においてのプログラムをそこで作りあげるのだ。それで、年に四回しかないそのテレビの青少年コンサートはすばらしい人気で、その一カ月前から予告が新聞に出たり、ラジオやテレビジョンで報告されたりする。非常に多くの人が、そのテレビを見ていることになる。しかもそのテレビによって、いままで音楽に親しみのなかった小さい子どもたちが、音楽が好きになるという非常に好ましい現象が起こっているということで、評判をとっているらしい。

彼は作曲もする。二十年ぐらい前に書いた「エレミア」というシンフォニーは、非常にまじめな曲で、イスラエルの宗教的な物語に基づいた交響曲である。ところがこのほかにも彼は「キャンディード」という軽い曲も書いているし、いま映画になっているミュージカルの「ウェストサイド・ストーリー」の音楽は彼が書いているのだから、まったくその幅の広さにあきれてしまう。ぼくはこのあいだ、その「ウェストサイド・ストーリー」のワールド・プレミアに、バーンスタインにくっついて見に行ったけれども、バーンスタインの話すときの表情、豊かさとか大きさ、その魅力というものが、まったくあますところなく発揮されているのが、「ウェストサイド・ストーリー」の音楽のように思う。あの音楽を聞いていると、彼のしゃべりっぷりまで自分の耳に思い出されてくるような気がした。

そして、あの「ウェストサイド・ストーリー」に出てくる主題歌「トゥナイト」のニューヨークでのヒットぶりは、すごいもので、たとえばニューヨークでタクシーを拾うと、タクシーの運ちゃんが「トゥナイト」をうたっている。自分の家に着いてラジオをひねると、ラジオも「トゥナイト」をうたっている。そして、夕食のあとどこかのダンス・パーティに行くと、そのダンス・ミュージックは、「トゥナイト」を編曲してダンス音楽としているといった具合である。

いまでも彼は、夏休みの三カ月間はまったく指揮をしないで、家族を連れて山に行き、田舎に行き、そこで作曲を続けている。そして彼は、作曲は一生やめることができない、もちろん指揮もやめることはできないけれどもね、と言っている。そして三カ月の長い指揮をしなかった夏休みを終わって帰ってきて、はじめて指揮をすると必ず、指揮というものはどうしてこんなにすばらしいものなんだろう、どうしてこんなすばらしいものを三カ月もやらなかったのだろうなどと、大きな身ぶりで人に言ったりしている。

カラヤンの弟子になる

そのころ、ベルリンではベルリン音楽祭が開かれており、音楽は実に豊富だった。日本のラジオが朝から晩までジャズや歌謡曲をやっているように、ベルリンの町ではどこかしらでたいてい音楽をやっていた。

当時カラヤンも重要な音楽会をいくつかやっていた。ぼくもその後カラヤンのレッスンをオーケストラつきで受けられるようになったのだが、そのコンクールのことを話そう。このコンクールにパスしなければカラヤンの弟子になれないことは、今までのばあいと同じなのだ。

コンクールの曲目については夏前からいわれていたので、よく覚えておいた。ところがコンクールの会場へ行ったら、曲目が違っている。連絡の不備と、ぼくがドイツ語をよく読めないことからの手違いなのだ。これにはあわてた。しかし、ぼくの番までにはまだまる一昼夜あるので、急いでコンクールのスコア、マーラーの「大地の歌」を買って来た。そしてその夕方から翌日の夜まで、ほとんど二十四時間ぶっ通しで休みなしにスコアを読み、覚えた。こうなると音楽も体力の勝負になりかねない。

翌日、ぼくは覚えたてのスコアを持って、コンクールの会場である音楽院に行った。するとすでにオーケストラの連中が来ていて、コンクールが始まっている。どうやら今度は、時間を間違えたらしい。ドイツ語では六時半のことを半七時（ハルプズィーベン）というようないい方をする。ところがぼくはドイツ語には暗いので、半七時だというから、七時半だとばかり思って来たのだ。それでカラヤンのマネージャーと、ベルリンに長くいてぼくのことをいろいろ心配してくれている田中路子《みちこ》女史が大いに気をもんで待っていた。ぼくは最初にコンクールを受けるはずだったが、遅れたので後回しになり、十番目くらいに指揮をすることになった。

ベルリンは大都会のくせに田舎の面もあって、ぼくがブザンソンのコンクールにとおっているというので、テレビ・カメラまで来て、そのコンクール風景を映した。それだけ音楽を大事にしているということなのかもしれない。ベルリンが音楽の町だということは街をちょっと散歩しただけでも感じられる。さて、テレビにまで映されているのでは、落ちたらたいへんだとぼくはあわてた。幸いなことに序曲はくじ引きで「ウィリアム・テル」が当たり、アレグロの前の和音がぴったり合った。見物のお客さんもオーケストラの人たちも、ブラボーとはやしたててくれた。ぼくはこのコンクールも無事合格した。おかげでぼくはカラヤンの弟子になれたのだが、ほかにもそういう人が二人いた。

カラヤンという人は、だいたい魔法使いみたいな指揮で、あっという間に客を引きつける。そんな魔法など他人に理解できるわけがないので、こういう人の弟子になってもあまり益するところがないのではないかと、実はぼくも思っていた。ところが大違いだった。

レッスンとなると、カラヤンは指揮台の真下の椅子《いす》に腰掛けて、ぼくらが指揮しているのを、じろっと睨《にら》むようにして見ている。ぼくは睨まれると、カラヤンの音楽そのものを強要されるような気がした。

しかし一方、カラヤンは教えることに非常に才能があった。睨みはするが、けっして押しつけがましいことは言わず、手の動かし方から始まってスコアの読み方、音楽の作り方という順序で、ぼくらに説得するように教えた。そしてぼくらの指揮ぶりを見た後では具体的な欠点だけを指摘した。また演奏を盛り上がらせるばあいには、演奏家の立場よりむしろ、耳で聞いているお客さんの心理状態になれと言った。方法としては少しずつ理性的に盛り上げて行き、最後の土壇場《どたんば》へ行ったら全精神と肉体をぶつけろ、そうすればお客も、オーケストラの人たちも、自分自身も満足すると言った。またシベリウスやブルックナーのように、今まであまり日本人には縁のない作曲家のものと取り組む時にはその作曲家の伝記を読むのがいい。なお、ひまと金があれば、その人の生まれた国、育った町をぶらつくのがいい。そうして音楽以前のものに直接触れて来いと説いた。

ぼくはレッスンのために、毎月一度パリからベルリンにかよった。パリで三週間勉強し、働き、ベルリンで一週間カラヤンのレッスンを受けるという生活が、アメリカに引っ越すまで続いた。

ベルリンでのカラヤンの人気はすばらしい。いや、ヨーロッパ全体でもすばらしく、まったく音楽の王様という感じだ。だから彼の音楽会の切符を手にするのはむずかし

カラヤンの人気はヨーロッパ全体でもすばらしい。

い。しかしぼくは弟子にしてもらったおかげで、音楽会はもちろん、練習やレコード録音にまで立ち会うことができた。ぼくがカラヤンの所にかよったころはだいたい寒い季節だった。ベルリンの町はずれの古い教会を使ってやる録音場へ、冷たい風に吹かれながら毎朝かよったものだ。寒いので、よく子供がするように、手に暖かい息を吹きかけながら小走りに行くと、向こうからも同じようにベルリン・フィルの連中がやって来る。

「おはよう」

「おはよう」

と、挨拶《あいさつ》をかわしながら見ると、たいてい鼻の頭が赤くなっている。なかには水っぱなをたらしそうになってあわててハンカチで拭《ふ》く者もある。いかにも音楽をするためにだけ生きている人たちといった素朴な匂《にお》いがした。もっともカラヤンはぼくたちとは違い、高級自動車で乗りつけて、さっと録音場に姿を消すのだが。

録音場は教会の壁に防音の布をかけただけで、見物人は弟子のぼくたち三人だけ。あとはけっして人を入れない。

音楽の都ベルリン

ベルリン・フィルの中には一人日本人がいる。ヴィオラの土屋邦雄さんという人で、上野の音楽学校を卒業してからドイツに留学し、そのままベルリン・フィルの団員になったのだそうだ。奥さんと二人で暮らしているのだが、その奥さんがまた偶然ぼくの知り合いだった。「子供のための音楽教室」時代一緒だったのだ。それで、ずいぶん親しいおつきあいができた。また土屋さんがいるおかげで、ぼくはベルリン・フィルの指揮をする時でも気らくな練習ができた。土屋さんは日本ではあまり知られていないが、ドイツでは有名といってよい。

ベルリン・フィルの人たちは日本や日本人に非常に好意を持っていた。昔からの国

ベルリン・フィルの打楽器メンバーと打ち合せ。

際関係や同じ敗戦国だという意識も作用しているのだろう。そういえば現在の国際的立場にも似ている点がないでもない。そんなこんなで、日本人を歓迎することは異常なほどである。ベルリンの酒場で飲んでいる時など、よくベルリン・フィルの連中が奥さんを連れてやって来るのに出会う。

「やあ」

「やあ」

と、何十年来の知り合いのような挨拶《あいさつ》をかわしてから、

「飲む時は音楽の話は抜きにしようや」

「そうだとも。商売の話は面白くねえからな」

と、いうことから、東京のどこそこのてんぷら屋はうまかった、銀座のすき焼屋の

花子さんと桃子さんは、親切だった、というような話になり、大いに気焔《きえん》をあげたものだ。

ぼくはベルリンが好きだ。あれほど戦争で痛めつけられた町なのに、町全体に静かな音楽の匂《にお》いがただよっている。これはあの無惨《むざん》な戦争でさえかき消すことのできなかった匂いではないかと思う。それほど町全体に、人々の心に、音楽は強烈に巣くっているに違いない。そんな町だから、夕方になると自然に音楽会場の前へ行ってみたくなる。そして二、三時間音楽を聞きたいという気持ちになる。一人で下宿にいる時でも、外にぶらぶら遊びに行くより、家でスコアを読んでいたいという気持ちになる。音楽と切り離しては考えられない町、それがベルリンだといっても言いすぎではないと思う。

こう書くとベルリンという町は、何か北国の小都市のように見えるかもしれない。たしかにどこかに北国ふうの、じみで内面的というか家庭的というか、そんな微妙な雰囲気がただよっている。しかし、けっして小都市ではない。大きいことは実に大きい。ぼくらは、ほとんど西ベルリンにいるが、それでもなお広い。

音楽会に行って音楽を楽しんで来た帰りに、仲間とビールを飲んで、真夜中、車を郊外の大きな湖に走らす。どこまでも続くなだらかな丘陵。神秘的な空。城の塔が月光に照らされて目の前に浮かび上がってくる。外国映画でよく見る場面である。ベルリンから意外に近い所にこういう場所があるのだ。ぼくたちは湖に向かって立小便の放列をしく。それから腹の底から湧《わ》き出るようなでかい声で、日本民謡とドイツ民謡の歌いっこをする。ボートを盗み出して湖へ漕《こ》ぎ出す。真っ黒に見える水の上で月光がきらきらと輝いている。文学青年なら、ヴェルレーヌの詩の一節くらい、口ずさむところかもしれない。なにか野郎ばかりで来るのがもったいないような所だ。ぼくたちは皆詩人ではないから、もっぱら騒ぐばかりだ。そのうちに東ドイツのほうから次第にしらんでくる。地図の上、政治の上では、東ドイツと西ドイツの間には画然たる一線がひかれている。しかしここではそんなものは少しも感じられない。

ベルリンでの生活が楽しかったせいか、ヨーロッパじゅうでベルリンの女が一番美しいような気がする。色白で落ち着きがあって、そのうえ匂うようなみずみずしさがある。そんな女が街角にも電車の中にもバーにも溢《あふ》れていた。バーの空気もヨーロッパのほかの所とは違う。気さくで肩がこらない。日本のように社用族の男たちが多いというのではなく、若い男女の、何か頽廃《たいはい》的な脂《あぶら》っこいような雰囲気がただよっているようなところがある。

日本の留学生も何十人かいる。しかし他の国に留学している人たちにくらべて、のんびりしていて平和である。戦前の留学気分が残っているのではないだろうか。ぼくはここで二人の留学生と知り合った。二人とも音楽の修行に来ているのだ。一人は故石井漠氏の令息の石井真木君。一人は武蔵野《むさしの》音楽学校の福井直敬君。それと前述のヴィオラの土屋さんを加え、四人でずいぶん遊んだものだ。戦前の留学生もこんなふうにして遊んだのだろうと思いながら、ぼくたちははめをはずして遊んだ。皆同じように故郷を離れて来ている。環境が一致するせいか、妙に気分が合った。日本にいたら十年も交際しなければ生まれないような親身な友情が、外国では数日で芽生える。それだけふだんが孤独なのかもしれない。

それからベルリンのいいことは物価が安いことだ。高級なナイト・クラブへ行っても、日本の三分の一くらいの金ですむ。パリなどとはくらべものにならないくらい安い。もちろんナイト・クラブだけでなく、すべての物価が安いので、非常に生活しやすい。人々ものんびりと生活を楽しんでいる。

敗戦国のドイツが戦勝国のフランスより生活がしやすいということは不思議だ。しかし、そこにはドイツ人のなみなみならぬ努力があったことだろう。しかも、それによって無味乾燥にならず、町には美しい音楽が溢れている。

ぼくはベルリンの思い出をいつまでも忘れないだろう。

さらば、ヨーロッパ

さらば、ヨーロッパ

重複するかもしれないが、そのころの手紙をいくつか書いておこう。

十月一日　フランクフルトにて

今フランクフルトのカフェに坐《すわ》って朝飯を食っているところ。

アメリカから帰った後、もっぱらパリとベルリンの間を往復している。ベルリンに行くのはカラヤンのレッスンを受けるためだ。来春、もしかするとニューヨーク・フィルハーモニーのアシスタント・コンダクターとして一カ月くらい日本へ行けるかもしれない。

十月九日　ドナウエッシンゲンにて

みんな元気？

ボクは今ドナウの源のドナウエッシンゲンにいる。三日間、現代音楽祭がおこなわれるのでボクは招待されたんだよ。内容は充実している。相変わらずホテルは安いし、ビールはうまい。昨日は日曜なので、一時間ばかり教会へ行き、わけのわからない説教を聞いて来た。今夜パリへ帰る。

岡村さんの所へ手紙を書いた。

十月二十日　ヘルムシュテットにて

みんな元気？

今度はベルリンでカラヤンのレッスンを、オケを使って受ける。今、東ドイツへの入口にいる。一週間でパリに帰る。

十月二十四日　パリにて

宿を変えたからとり急ぎ知らせる。今度の下宿は戸田邦雄先生が世話してくれたもので、昔遠山一行《かずゆき》氏がいた家で、モンパルナスの静かな所だ。おばあさんと娘のピアニストがいるだけ。食事は三食とも一緒に食べる。下宿代としてはあまり安くないようだが、外で食うことを思えば結構安くつく。それにそのほうが食事も片寄らないので体のためにいいだろう。また静かな環境なので勉強するにもいい。

十一月二日　パリにて（絵葉書）

ポン。
ボクの誕生祝のカードを受けとったかい？　書いたことは書いたが、ポストへ入れたかどうか忘れちゃったんだ。

十一月十一日　ベルリンにて

ベルリンでカラヤンの二度目のレッスンを受けた。それがその日のテレビ・ニュースで十五分間放送された。棒を振っているボクにカラヤンが文句をつけているところ。おかげでベルリンでは急に知人がふえたよ。テレビの威力は大変なものだね。

明日、パリに帰る。

十二月八日　ベルリンにて

また昨日ベルリンに来た。パリで奥歯を抜いたあとがまだ少し痛むので憂鬱《ゆううつ》。十二日にパリに帰り、十三日、十四日とパリの放送局のオーケストラを使って、一時間のラジオ・コンサートの指揮をする。たぶん正月には、NHKにも流れるだろう。

十二月二十八日　チロルにて

ベルリンへの往復で疲れるうえに、パリでの仕事がここのところずっと続いたので、いま息抜きにチロルの山へスキーに来た。連れは作曲の甲斐説宗さん、ヴァイオリンの石井志都子、川中さんの妹と、ピアノのロジャーだ。ほかにフランス人が十人ほどいる。

一月六日（一九六一年）　パリにて

新年おめでとう、寄せ書きありがとう。

うちの台所で酒が飲みたい。どんな立派なキャバレーで飲んだ酒よりも、うちの狭い台所で飲んだ酒の味が忘れられない。

おふくろさんが腰を打ったとかいうことだが、大丈夫？　大の息子を四人（今は三人だけど）持ってるんだから、軽々しく高い所へ上がったりしないでください。野郎どもを大いに使うべしだ。おやじさんも無理をせず、ゆっくり温泉へでも行って、帰りには馬の突っ走るのを見て財布をはたいて来たらいいでしょう。

こないだ歯が痛かった時には、即座に止まるものならいくら金を出してもいいと思ったくらいだった。歯医者のありがたみを感じた。おやじさんが一家六人を食わして行けるのも当然だとわかった。その痛い時にパリで放送音楽会をやったら、バカに当たって、仕事が急にふえたのには驚いた。その上、スキーから帰って来たら、ニューヨーク・フィルの副指揮者に任命されていた。実に嬉《うれ》しくて、飛び上がってあわててブドー酒を飲んだ。

三月の末日にニューヨークに行き、四月一日からニューヨーク・フィルを使っての練習が始まる。十七日から米国内を演奏旅行。その後二十四日朝羽田着で日本へ二週間行く予定。日本行きが決まったら、もういても立ってもいられないくらい日本が恋しくなっちまった。ため息ばかりが出る。早くその日になればいいと思うのみだ。ニューヨーク・フィルにいる間は一週間百ドルのサラリーがもらえる。そのうえ、旅行中は日当が二十ドル加わる。今のぼくにはちょっとこたえられない。

日本フィルの草刈事務長から、二月から六月までのどの月でもいいから、定期演奏会の指揮をしてくれと頼まれた。一応、六月二十二日のを引き受けた。それで二度日本に帰ることにするか、それとも四月二十四日から八月末までずっと日本にいることになるか。ともかく久しぶりにオデンで酒を飲めることになるらしい。ありがたい話。ボクが希望すれば、日本フィルは定期演奏会のほかにもいろいろな会を開いてくれるそうだ。お金も十分くれるらしい。

九月はメキシコで二週間くらい演奏会をする話がまとまりつつある。これでなんとか一九六二年の夏までは仕事がつまったわけだ。今はその後一九六四年くらいまでのを工作中だ。なるべくパリや他のヨーロッパの都市でやりたいと思っている。

とにかくこれから一度ドイツへ行って、アメリカへ渡って、演奏旅行をして、それからやっと日本へ、日本へ。

一月十三日　ベルリンにて（絵葉書）

ベルリンに来ている。ベルリンも今年はこれが最後かもしれないので、挨拶《あいさつ》やらなにやら雑用が多くてまいる。田中さんは夫婦そろって親切なので感謝している。田中さんは長年ヨーロッパにいた人に似合わず、非常に日本的、また家庭的だ。ボクのところへ来た江戸さんやおふくろさんからの手紙を読んでは、自分のことのように喜んでくれるんだよ。

昨年の九月、この写真のテレビ塔の下にあるベルリンの放送スタジオで、ニューヨーク・フィルのバーンスタインに初めて会ったんだ。

一月二十五日　ベルリンにて

みんな元気？　ご無沙汰《ぶさた》していてごめん。

ベルリンでの生活が忙しすぎて睡眠不足になり、流行性感冒にやられちまった。一週間寝ていた。やっとなおったけど、音楽会や録音が控えているので、またかけずり回らなければならない。その後はまたアメリカ行きの準備で忙しくなるはず。

いよいよニューヨークには明日出発することになった。パリも当分見おさめとなるので、ひまを見つけてはあちこちぶらついた。やはり美しい町だ。昔のままの姿がどこかに忘れられたようにちゃんと残っている。これがパリを落ち着いた町にしているのだろう。人間が変わるのに景色だけが何十年も昔のままの姿をとどめているというのは、どういうことだろうか。

ちょうど春なので、いかにも軽快そうな半袖《はんそで》のきれいな服を着た女たちが歩いている。今まで一度も立ち止まったことのない古本屋の前で、ふと足を止めたくなる。それも今日かぎりでパリにおさらばだという気持ちが働くからだろう。しかし考えてみれば、ぼくはパリにいて、今まで一度もエッフェル塔にも凱旋門《がいせんもん》にも登らなかった。忙しかったし、そんな気持ちの余裕がなかったのだ。しかし人間様が住んでいる所を上から眺めたところで、どうということもあるまい。それよりそこらのカフェに坐って、女の子でも眺めながらビールを飲んでいたほうが気がきいている。パリでいいのは、ニューヨークや東京みたいにバカデカい建物がないから、空が下のほうまで見えることだ。その点では田舎の雰囲気《ふんいき》がある。こんな暮らしいい所で今までアクセクして来たのかと思うと、もったいないことをしたと思う。

いよいよニューヨークに行くことになってみると、ある種の緊張を覚える。神戸で船が港を出た時にも、波止場で大きく手を振っていた兄貴の姿が見えなくなった時にも、これと同じような気持ちに陥った。いや、まだある。マルセイユで一人になり、スクーターを走らせ始めた時。ブザンソンのコンクールを受けに行くため一人でブザンソンの駅に下りた時等々。いくらいろんなことを経験したつもりでも、緊張がそのたびに新たなのは不思議だ。

二年前の今頃はインド洋の夕焼けに感激していたのだ。またたく間に二年間は過ぎたようだ。しかしどんな金持ちの旅行者よりも気軽にほうぼうを飛び回ったものだ。スクーターで最初にほうぼうを回ったことが、その旅行を億劫《おっくう》でなくしたのだ。してみるとスクーターもずいぶん役にたったものだ。

ニューヨークへの出発が二、三日遅れることになった。というのは、アメリカのビザがまだ下りないので、出発したくともだめなのだ。この前の時もそうだったが、こういうことに関してはアメリカは意外にうるさい。それでニューヨーク・フィルのほうも困り、十九日まではぼくのかわりに一人棒ふりをやとったそうだ。

思い出すままに

ベルリンで一番お世話になったのは、何といっても田中路子《みちこ》女史だ。外国に一度でも行った人なら誰でも感じることだと思うが、よその国で同じ日本人から受ける親切ほどありがたいものはない。同じ親切であっても、外国のばあいは何十倍かのありがたみがある。

田中女史は日本人なら誰にでも親切にしたようだ。だから彼女のおかげで向こうで仕事を得た人はずいぶん多いはずだ。彼女は社交界においてもひろく名前を知られている。彼女の旦那《だんな》さんは名俳優のデ・コーバ氏である。ぼくはお茶漬けを食いたくなったり、日本酒が飲みたくなると、遠慮もなく田中女史の家を訪れた。すると女史は自分からいろんな物を作ってもてなしてくれた。

パリにいる時には大使の古垣夫妻にいろいろお世話になった。ぼくが病気の時など、大使夫妻はぼくの宿に幕の内弁当を届けて、ぼくを慰めてくれた。幕の内弁当などパリでは絶対にといってもいいくらい手に入らないものなのだ。そのころぼくは、毎日オートミルとスープばかり飲まされていたので、その時の幕の内弁当は本当に涙の出るほど嬉《うれ》しかった。

また毎日新聞パリ特派員の角田明・房子夫妻にもたいへんお世話になった。夫妻はたいへんな音楽好きで、とくに旦那さんのほうはヨーロッパの音楽界に関しては、音楽家のぼくよりくわしいのだから驚かされる。またひまを見ては実によく音楽会にかよっている。あの偉大なクララ・ハスキルが死ぬ直前、パリのシャンゼリゼ劇場で演奏会を開いた。その時、角田夫妻から頼まれて、ぼくが切符を手に入れそれで三人ででかけた。その音楽会は、ぼくがヨーロッパで聞いた音楽会のうちで、最も感銘を受

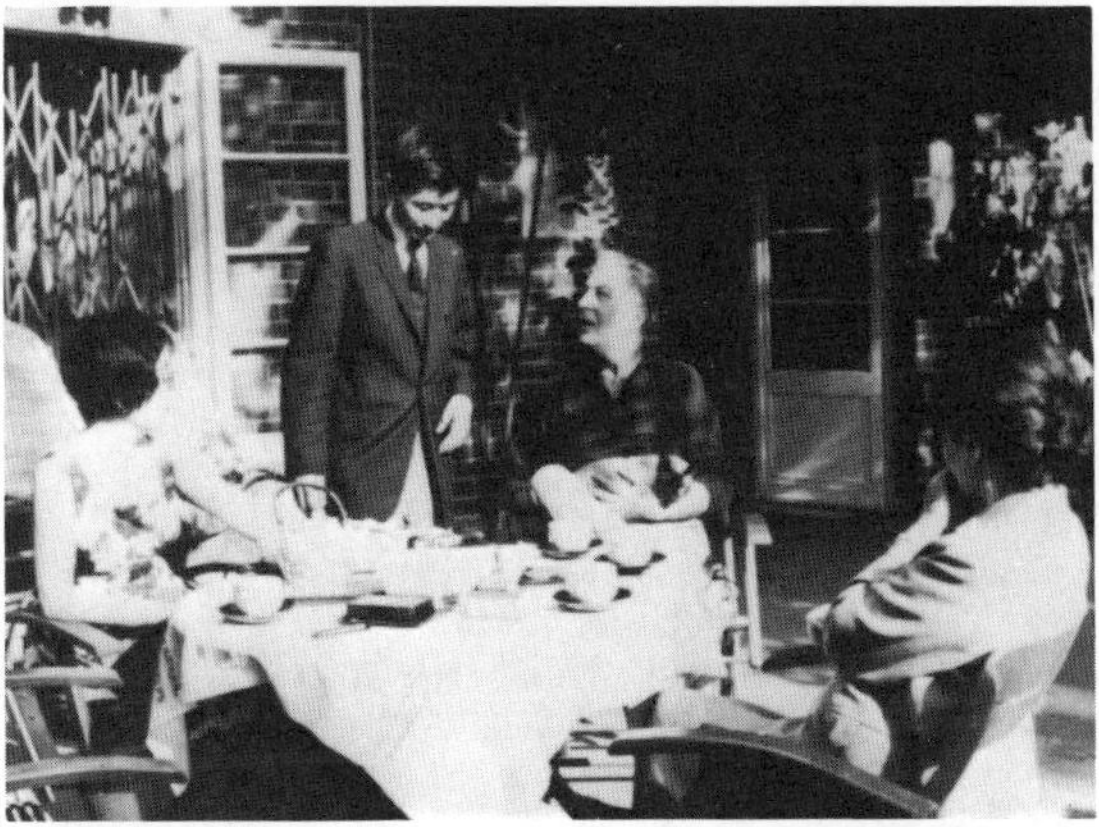
ベルリン郊外の古いお城のような家に住んでいる田中路子さん(左)、ご主人のデ・コーバ氏(中央)にお世話になった。

けたものの一つだ。美しさ、偉大さ、純粋さがクララ・ハスキルからは感じられた。そればかりでなく、モーツァルトがそこにいるような美しささえ感じられた。ぼくがそのことを角田さんに話したら、角田さんも同じように感じ、今そのことを話そうと思っていたのだと言う。期せずしてぼくたちは一致したのだが、芸術に対する感動が一致することほど嬉しいものはない。それはなにも音楽にかぎらず、映画でも絵画でも芝居でも違わないはずだ。

映画や芝居のよさのわからない人は少ないだろう。しかしどういうものか、音楽については「自分は音楽の素養がありません」という人が多い。それだけ日本という国が音楽をなおざりにしているともいえる。伝統も環境も音楽的ではない。だから外国へ来てみると、日本ではいかに音楽を理解する人が少ないかということに思い当たる。その中で、角田さんのように音楽を聞いて、その美しさにひたれる人は幸福だ。角田さんのばあいは音楽をする苦しみは何も知らず、ただ音楽の恩恵だけを受けているのだから、ぼくなんかよりずっと幸福だと思う、ぼくはそのことをいつか一度言おうと思いながら、つい言いそびれてしまった。

彼は新聞の仕事で忙しい。朝から晩まで休むひまもなくパリをかけずり回っているようだ。ぼくがパリで最初の録音をとった時も、彼は忙しい忙しいと言いながら、気がかりそうに顔を見せてくれた。録音がすんでから、いろいろな人が忠告やら助言やら批判やらをしてくれた。しかし日本語で言ったのは角田さん一人なので、角田さんから言われたことだけがいつまでも感銘深く残った。外国の特派員などというとずいぶん派手な商売のように見えるが、実際はそうではない。服装から挙措動作、考え方まで、ヨーロッパの中に溶けこんでいて、顔が違わなかったら、日本人だと気づく人がないほどだ。そのくらいでなければ、ヨーロッパの匂《にお》いのぷんぷんしみついたホット・ニュースなど取って来られないのかもしれない。

四年前に別れた息子がパリに来るというので、角田夫妻が飛行場まで迎えに行くのに偶然ぼくは会ったことがある。飛行機が着いて、詰襟《つめえり》の少年がタラップを下りて来た。夫妻の息子なのだ。やがて夫妻と息子とが両方から認め合う。そして微笑をかわす。しかしその光景がいかにも自然で、当たり前で、少しもわざとらしさがない。かえってそばにいたぼくのほうが、ジーンと熱いものがこみ上げて困ったほどだ。やはり角田さん夫妻は国際人なのだと思った。外国の飛行場で息子に会うというのではなくて、近所の駅で休暇から帰って来た息子でも待っている感じだ。ぼくにはまだ日本とヨーロッパの間にはずいぶん距離があると感じられる。しかし角田さん夫妻には大して距離はないのだろう。こういう人がふえて来ると、外国に対する考え方もおのずから変わって来るだろう。

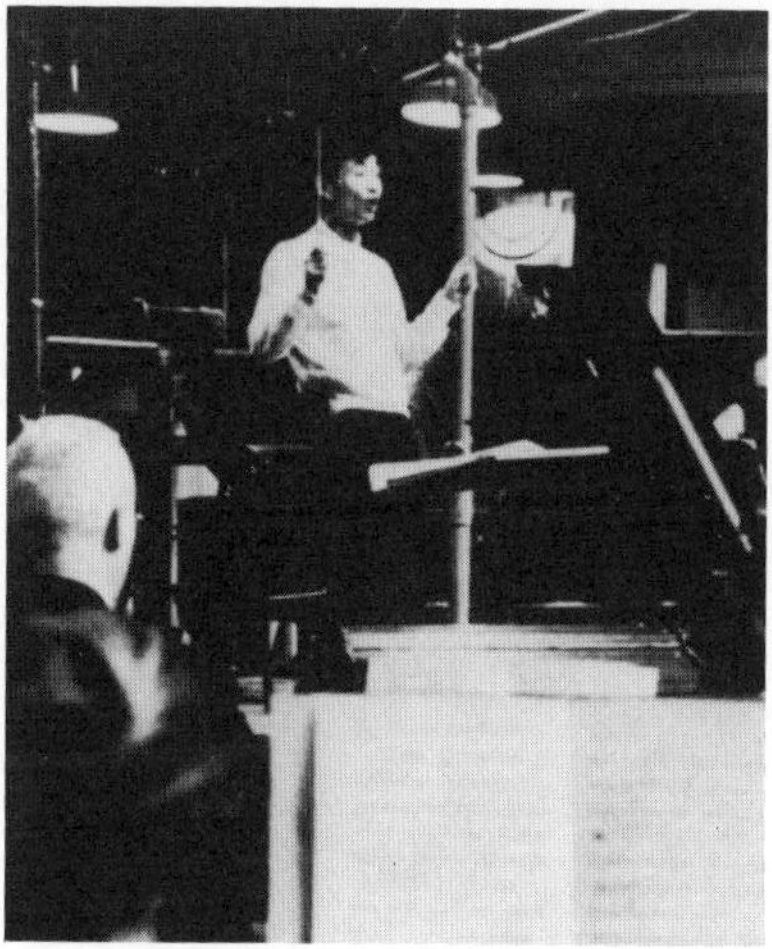
パリ国立放送局での録音風景

　パリにはそのほかに作曲家の戸田邦雄先生がいる。桐朋《とうほう》時代、ぼくは彼に管弦楽法を習ったのだが、彼はふだんはユネスコの日本代表部に日本代表として勤めている。ぼくは時々食事のご馳走《ちそう》などにあずかった。

そのほか、絵描きの堂本尚郎夫妻もいる。ぼくが最初のコンクールを受ける前に堂本さんの南仏の別荘へ静養に行き、逆に熱を出してそうそうにパリに引きあげたことは前に書いたとおりだ。

またパリの大使館ではいろいろな人にお世話になった。パリに着いて初めて大使館に行った時にいろいろなことを聞かれた。まず型通り、

「なにしにやって来たんですか」

と、言うから、

「ぼくは日本にいた時から指揮の勉強をしていたので、こっちへ来てもっと勉強したいと思ったんです」

と、説明した。しかし、ヘルメットをかぶり、日の丸をつけたスクーターに乗って来たことを知っているので、なんとなく変人扱いするようなところがあった。

「これからどんなふうに勉強されるんですか?」

と、言うから、

「行き当たりばったりです」

と、答えた。

「お金は十分持って来たんですか？」

「あまり持っていないんです」

「ではいつごろくらいまでいる予定なんですか？」

「いられるだけいようと思うんです」

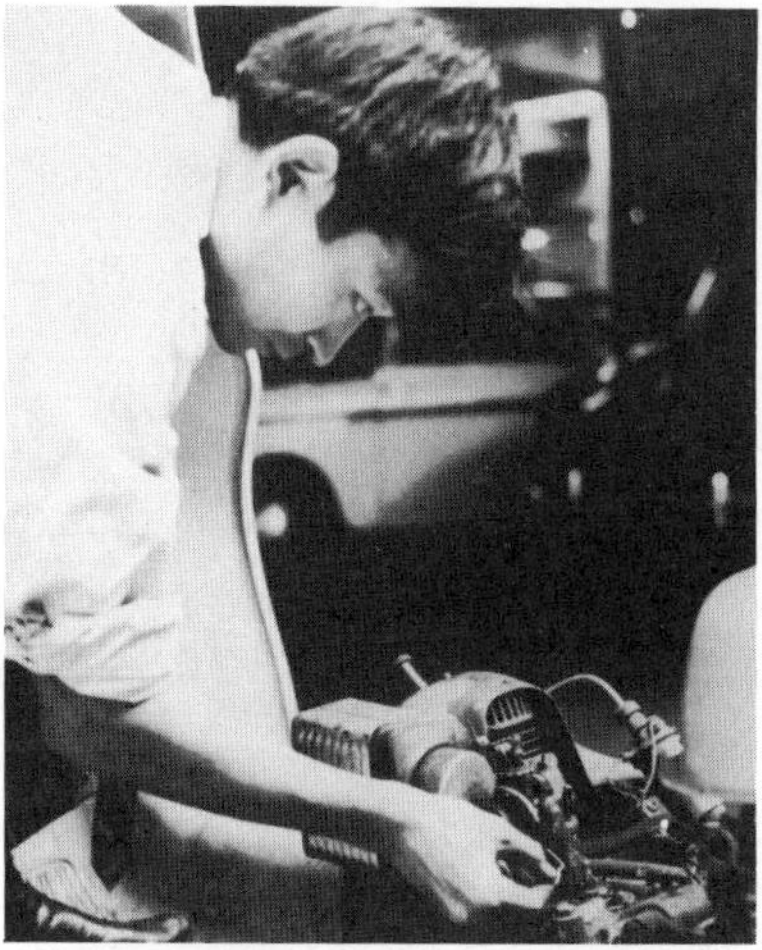
パリの日本大使館で、預ってもらっていたスクーターと10年後に再会した。

ぼくがあまりいい加減な返事ばかりするので、向こうでは妙な奴《やつ》が来たと思ったらしい。要注意人物というところなのだろう。しかしそのおかげで、こわい役人さんだと思っていた領事が、

「なんでも困ったことが起こったら相談に来るといい。たまには酒でも飲みに来なさい。お金がない時には貸してやってもいい」

と、言ってくれた。

その後、コンクールに受かった時には、わがことのように喜んでくれて、

「やっと仕事にありつけそうですね。これで要注意人物ではなくなりましたよ」

と、大勢の前でひやかされたりした。

　誰でもそうだろうが、ぼくも日本にいた時は、警察署とか外務省とかへ行くのは、なんだかいやな気がした。悪いことをしているわけではないが、なんとなくいい気持ちがしない。しかしパリの大使館にだけは、パリにいる間じゅう、自分の家みたいに平気で出入りした。独身と、風来坊みたいな気軽さからである。

　しばしば、ぼくたちの間で、外国へ行くのはひとりものの時のほうがいいか、結婚して二人で行くほうがいいかという話がでる。どちらも一長一短があり一概にはいえない。ぼくも結婚して夫婦で外国へ来てみなければ、本当は前の時とどっちがよかったかということの判断はくだせないと思う。ただ、今いえることは、独身の男が行けばこれ以上面白い所はなく、独身の女が行けばこれ以上危険な所はなく、夫婦者が行けばなんともあたりまえの所ではないかということだ。夫婦者の家では例外なく日本食がいつでも食べられるし、ホームシックにかかってもお互いに慰め合い、まぎらすことができよう。外国にいるという緊張感が少なく、安定しているということは、いいにつけ悪いにつけ、ひとりものとちがうところなのだろう。

ぼくの中学時代の同窓生である水野チコが、東宝映画のパリ支店長と結婚して、パリに住んでいる。それでぼくはお茶漬けを食いたくなったり、センベイが種切れになったり、醬油《しょうゆ》がほしくなったりすると、臆面《おくめん》もなく水野チコの家にかけ込んでご馳走《ちそう》になったり、失敬して来たりする。ぼくがそのことを宣伝したわけではないが、そのうちにぼくみたいな奴のたまり場になってしまった。昼飯時などそこへ行けばたいてい誰かに会える。ぼくたちのような楽隊の連中以外には、水野チコの旦那《だんな》さんの顔で映画界の人の姿がよく見うけられた。

外国で知り合った友だちというものは、お互いに故郷を遠く離れて来ているせいか、何もかも打ち明け合う。そのせいで、本当はあまり何も知らないはずなのに、十年の知己のような錯覚を抱く。もっとも打ち明け過ぎてかえって事が面倒になり、後で紛争の種になるようなばあいも往々ある。ぼくも普通なら当然そうなるところだが、仕事の関係でひと月と落ち着いてパリにいることがなかったので、そんな面倒なことにはならなかった。それというのも、なかには口うるさい人がいて、無責任なことを言うから、事実が曲解され、ごたごたの種をまきちらすのだ。そういえば、ぼくもいろいろ迷惑な噂《うわさ》をとばされた。そのうちの一つは、同じ放送局のスタジオに行くという女性を、ぼくの愛用のスクーターに乗せて行った。すると、小澤はスクーターに女の子を乗せて、得意そうにシャンゼリゼを大行進していたというのだ。

そんな噂を、まったく関係のないような人が言うのだからあきれる。そんな時はつくづくパリも広いようだが狭いと思う。それでも最初のころは噂が気になった。しかしそのうち、あまり気にならなくなった。言いたい奴には勝手に言わせておけという気持ちだ。

食物へのノスタルジー

忙しく飛び回っている時はいいが、ひまで二、三日下宿でごろごろしていると、ついホームシックにかられる。日本の畳に寝、ゆかたでも着てくつろぎたくなる。

フランスでは夏休みはだいたい三カ月ある。留学生はその間、金を節約するために下宿でじっとしていることが多い。これは忍耐のいる仕事だ。刑務所にいることのつぎくらいに忍耐のいることではないかと思う。さいわいぼくはあちこち飛び回る機会が多かったので、下宿で一人でぽつねんとしていることは少なくてすんだ。しかし忙しくて、くたくたに疲れて帰って来た時に、まずほしいものは日本の食い物である。これがあればすぐ疲れも回復するように思えるから不思議だ。たいへんなビタミン剤

の役割を果たしているわけだ。録音が終わった後など、

「ああ、スシが食いてーッ」

と、何度ため息をついたことかしれない。本当に疲れた時には、スシより梅ぼしでおかゆとか味噌汁《みそしる》とかがほしくなる。漬け物をちょっとでもいいからかじってみたいという欲望にかられることもある。ぼくが今まで特別に日本食が好きだったというなら話がわかるが、日本にいたころはあまり米を食わない男だったのだから不思議なものだ。外国へ行くと食物の嗜好《しこう》が変わるというより、子供の時から食い慣れて来た物への執着のすごさにぼくは驚いた。だから、日本から旅行者としてやって来た社長族や議員族が血まなこで日本料理屋にかようのも無理はないと思うのだ。

これは人から聞いた話だが、彼らが日本にいる時はほとんど毎晩のように宴会に出るので、夕食を家で食べることはないそうだ。それでたまに家で夕食を食べる時に、料理屋で出されるような体裁のいい料理が出ると大へんに怒る。そして漬け物でお茶漬けといったあっさりしたものをほしがるらしい。ぼくはその話を聞いた時、誰しも同じなんだなと思った。それはやはりノスタルジーなのだ。そういうものが一番表われるのがなんといっても外国生活なのだろう。

ぼくは刺身が好きなので、パリにいる時には、よく鯛《たい》を買って自分で刺身を作った。

鯛は日本よりパリのほうがずっと安いのだ。パリに行くまでは自分で刺身など作ったことはなかった。パリに行ってから、ある日本人の奥さんに教えてもらったのだ。最初に真ん中の骨をとり、次に外の皮をひんむき、刺身にする。初めのうちはうまくいかなかったが、何十匹か手がけた後ではすっかり名人になってしまった。ある時など、ある日本人の家へ招待を受けたので行ってみると、

「今日お呼びしたのは実は……」

と、向こうは恐縮したようにもじもじしだしたので、

「ああ、わかりました。息子さんかお嬢さんが音楽をやりたいというんでしょう」

と、ぼくが先まわりして聞くと、

「実は刺身を作ってもらおうと思いまして……」

この時ばかりはあっけにとられた。誰かぼくの友人がふざけて宣伝したのだろう。その後もそんなふうなお座敷があちこちから掛かって来たのには驚いた。

もっとも上には上がある。あるお役人は、よく自分で豆腐を作って食っていた。しかも絹ごしのやつだからこっている。おかしいというか涙ぐましいというか、こういった種類の人たちは無数にいる。ぼくが知っているだけでも次のような人たちがいる。シソの葉を食べたくて窓際《まどぎわ》の植木鉢に幾鉢も植えている人。またどうしてもユズの匂《にお》

いを嗅《か》ぎたくなったからといって、飛行便でとり寄せた人もある。またビルの屋上に畑を作り、ナスをこしらえている人、苦労してモヤシを作ったが失敗して、わが子を失ったように歎《なげ》いている人。まったく御本人以外にはわからない苦労である。

その点、中国人はいい。どこへ行っても中華料理屋があるからだ。中華料理屋だか安南《アンナン》料理屋だかわからないような店もあるが、とにかく中国人の経営する料理屋は世界じゅうどこにでもある。タクシーが駅前にとまっているような町ならたいていある。中国人の根強さを語っているようだ。東京でも、大きなキャバレーやパチンコ屋はたいてい外人の経営になるものだそうだが、その中でも中国人の数が圧倒的に多いと聞く。ぼくが行った所で日本料理屋のあったのは、パリとニューヨークだけだ。しかも値段が高いので、うっかり行ったら大変なことになりかねない。それでぼくもパリの日本料理屋などほとんど足を踏み入れたことがない。

忘れられない音楽家たち

外国へ来て方々の音楽会をのぞいて最初に感じる失望は、

「何だ、日本でやっているのとあまり変わらないじゃないか」

と、いうことだ。

これは外国に留学した者なら誰しも感じるところだろう。まずそんな気持ちが半年くらいは続く。ところがその半年が過ぎると、

「こいつはすごい。この野郎はオレの考えもつかないことをやる。これじゃオレがサカダチしても追いつかない」

と、異口同音に言うようになる。

そういう感激をぼくたちに与える人は不思議に老人が多い。そういう人たちはおそらくヨーロッパでも千人に一人、いや、何十万人に一人の音楽家なのだろう。しかしそうしたずば抜けたのがときどき出るだけの可能性が向こうの社会にはあるらしい。ぼくにそう感じさせたのは、日本でも有名な人ではバックハウス、クララ・ハスキル、フィッシャー＝ディースカウ、カラヤン、ミュンシュ、バーンスタイン。日本であまり名を聞かない人では、カール・シューリヒトという八十歳を越えているかと思われる老指揮者がいる。この人は棒を振るかわりにギョロリと鋭い目をむく。その眼力でオーケストラの人たちに音を出させるような変わった指揮をする。ステージのはじに現われて、真ん中の指揮台にたどりつくまでに、よたよたと歩くから五分くらいはかかる。その間、聴衆は手を叩《たた》いていなければならないから、手がまっ赤になってしま

う。ご婦人向きではないと思えるのに、けっこう婦人客が入っている。しかしその音楽は全然年齢を感じさせないから不思議だ。むしろどんな若い人が指揮する時よりも、若々しさ、みずみずしさが充満しているのだ。こういう音楽家の前では自然に頭が下がって来る。

しかし、もし世界じゅうの音楽家のなかで、誰をいちばん尊敬しているかと聞かれたら、ぼくはバックハウスとフィッシャー＝ディースカウと答えるにちがいない。その理由は、この二人は百回演奏会をしても、九十九回までは同じように完璧《かんぺき》で、同じ

クララ・ハスキル(上)
ウィルヘルム・バックハウス(下)

ように高い音楽で演奏することができるからだ。一口でいえばミスがないともいえるかもしれない。この、百回やって、九十九回までうまくやるということ、ここにいくまでには、ぼくには想像もできないくらい高い芸術性と技術が備わっていなければできないことらしい。とくにバックハウスはすごい。ぼくはバックハウスのよさを聞かれたら、こういうふうに言いたい。バックハウスはステージに出てくるときに、ぼくが自分の家で茶の間の炬燵《こたつ》にあたりにいくみたいにステージに出てきて、茶の間の炬燵に坐《すわ》るみたいな気持ちでピアノの前に坐り、炬燵のなかからしゃべりかけるような気持ちで、聞いている人に音楽をしゃべりかける。そして出てきた音楽というものは、ぼくらのなかに純粋な音楽としてしみ込んできて、誰でもその音楽に共鳴せずにはいられないような、大きな力をもっている。そういう意味でバックハウスが、ぼくは大好きだ。

フィッシャー＝ディースカウについて言えば、その完璧な技術というものがまずぼくらを圧倒し、そこには歌でもない、ピアノでもない、オーケストラでもない一つの音楽、メロディ、音楽性だけが自分に感じられてくる。そういうことは実にむずかしくて、オーケストラを使っても、自分の声を使っても、ピアノを使っても、ある音楽を人に訴えることができるということは、ずいぶん偉大なことだとぼくは思う。

さて、そのほか知り合いになった音楽家はずいぶんいる。だいたい音楽家というのは妙な奴が多いと思っていたが、エライ音楽家とされている連中は、意外にまじめで素朴でまともな生活をしているようだ。もちろん変り種は大勢いるが、それはなにも音楽畑にかぎったことではあるまい。人を呼ぶ時、相手構わずプロフェッサーと呼ぶ癖のある人――まア、こんなのはごアイキョウのほうだろう。人に会う時には必ず長《なが》椅子《いす》に横になっているというぶしつけな音楽家もある。そのほうが当人にはラクに違いないが、相手はあまりいい気はしないのではないだろうか。音楽家だからいいようなものの、これが銀行屋とか株屋なら、お客が来なくなるだろう。そのほか挨拶《あいさつ》がわりにキスする人――外人にこういう人は多いから不思議ではない。また練習の間に二十回くらいズボンを上げて、二十三回くらい鼻の頭を撫《な》でる人、そのほか、気にいらないと眼鏡をはずしてレンズをハンカチで拭《ふ》く人、気にいると必ず鼻をかんで煙草《たばこ》に火をつける人など、千差万別である。しかし誰しも人間としてはまともで、まじめな生活を送っているようだ。

お国柄の違いは大いにある。カラヤンは上品で気さくで親切だ。しかし偉大さがいつもどこかに体臭のようについているので苦手だ。だから、

「メシを食おう」と、誘われても、

「しめた」とは思わない。

その点、バーンスタインに、

「おい、セイジ、メシを食おうじゃないか」と言われると、

「オーケー」と、はずむような色よい返事が出る。そして内心で、「しめた！　今日はうまいものにありつける」と、思う。

パリの音楽家もみな気さくで、食事中は実によくしゃべる。しゃべるために食事に行くみたいだ。彼らはその時の思いつきで、急に、

「おい、俺の家にメシを食いに来ないか？」

などとは絶対に言わない。今日は誰を呼び、明日は誰を呼び、なんの料理を出すということが、ちゃんと日程表に組まれてあるのだ。それだけ計画的なのだ。だからアメリカ人みたいに、練習がすんだ後で、「おい、ちょっと家に来てメシを食わないか」なんて、その時々の気分で食事に誘うようなことがない。奥さんもそのつもりでいるから、もし亭主がそんな習慣を破って突然友人を食事にでも連れて来たら大騒ぎになるに違いない。まずは翌日、亭主が顔に青アザの二つや三つをつけて来るに違いない。

パリで食事に呼ばれたら、必ず白いワイシャツを着て行かなければならない。

ヨーロッパの中でも、フランスとドイツとでは、何から何まで大違いだが、アメリカもまたそれとは相違している。一概にアメリカ人というが、その中にはフランス人もドイツ人もロシア人もいる。だからドイツ的なものフランス的なものがかなり残存していると、実は、ぼくは想像してアメリカに渡った。たしかに皆無ではないが、ほとんど目につかない。そしてまったく別のアメリカ的なものがちゃんとでき上がっているのだ。では何がアメリカ的であり、そしてそれがどんなふうに音楽と結びついているか——、ということは漠然とはわかるが、はっきりとはわからない。やはりアメリカが何十年だか何百年だか知らないが、それ相応の月日をかけて育てたものは、そうあっさりと旅人のような者にはわからないようにできているのであろうか。今わかっていることは、今まで歩いて来たどんな国よりも気らくに生活できるということだ。そしてメシを食うにも、酒を飲むにも、飛行機に乗るにも、便所を捜すにも、皆が驚くほど親切で形式ばらないことだ。旧家の固苦しさはどこにもなく、新開地に移住して来た新民族のような明るさとわだかまりのなさがただよっている。旅行者にとってアメリカというところが一番旅行しいいのではないだろうか。

世界のオーケストラ

世界のオーケストラといっても、まだそんなにたくさんのオーケストラを知っているわけじゃないけれども、ぼくの目でみたいろいろなオーケストラの相違というようなもの、あるいはその気風を少し書いてみたい。面白いもので、ある国に入ると、その国の匂《にお》いというか、風習というか、気質というものが、すぐにピンと旅行者に感じられる。それと同じように、その国のオーケストラを聞くと、まったくその国の気質と同一のものをそこにみることができる。ソロの音楽家を聞くとそれがはっきりしないのだけれども、オーケストラだと、まずその国の国民性とオーケストラとの間に相違があったということを、ぼくは覚えていない。

フランスのオーケストラは、パリのオーケストラでも、もっと田舎のオーケストラでも、まったくフランス人のオーケストラという感じが、練習しているときも、演奏会で指揮しているときも、自分がお客様になって聞いているときも感じられる。練習しているときに、ぼくがなにか演奏のなかで注文をつけようと思って指揮を止めてしゃべろうと思うと、必ず誰かがおしゃべりをしはじめてぼくの声が通らなくなるので、ついデカい声を出してしまう。

ところがドイツのオーケストラにいくと、これはベルリンのオーケストラでも、あるいはもっと小さい町のオーケストラでも、指揮棒を止めた瞬間にみんなシーンとして、指揮者がなにを言うかを聞くための態勢になる。いわゆる団体としてのお行儀がすこぶるいい。フランスのオーケストラは行儀がわるいのだ。だからといって、フランスのオーケストラが指揮者に対して非常に不まじめであるとか、指揮者に対して反抗心が強いというようなことでもないと思う。要するに彼らは、指揮者のもとで弾いていても、自分がそのときなにかしゃべりたければ、すぐ隣りの人にしゃべりかけるし、昼食のときにブドー酒といっしょに出た話題を、練習をはじめたからといって止めて、指揮者に神経を集中するということができないのだ。オーケストラという団体のなかにあっても、いつも自分がまず第一と考えて、仕事をしているようである。

だから、フランスのオーケストラは、えてしてアンサンブルがわるいとされている。これは事実だ。しかし、ドイツあるいはそのほかの国にいて、パリに帰ってきてフランスのオーケストラに接すると、まず感じることは、そのオーケストラのもっている輝き、色彩感、あるいは音のみずみずしさ——それはもうアンサンブルがわるいとか、音程が合っていないというようなことを忘れさせ、オーケストラから出てくる音の輝かしさ、あるいは色彩感に、ぼくはまず魅惑されてしまう。そして、フランスにひと月いて、フランスのオーケストラに接していて、今度ベルリンに行ったとする。そして、ベルリン・フィルハーモニーが、そんなにえらい指揮者じゃない人のもとで演奏している音楽会に行ったとする。ところが、あまりよくない指揮にもかかわらず、ベルリン・フィルは一糸乱れぬすばらしいアンサンブルと、すばらしい構成力を示していて、ぼくはオーケストラのもつ合奏の力に圧倒されて、なるほどオーケストラはこうでなければならないのかと思う。ドイツにひと月いてフランスに帰れば、フランスのオーケストラはまた美しいと思うだろう。ドイツ人とフランス人のちがいというものは、オーケストラのちがいとまったく共通点があると思う。

景色でもそうだ。フランスの国道を自動車ですっとばして、ドイツとの国境に達し、パスポートを見せて、またギアを入れて走り出すと、今度はなにか景色が変わったこと、あるいは運転している感覚が変わったことに気がつく。景色が変わったことの理由は、家の並び方がまったく整然としていることで、いかにもキチンと、庭の隅から隅まで整理がゆき届き、家と家とのあいだにも関連性があって、団結して家が建っている。村がまとまってできたという感じである。道も実に整然としている。そして、いままで通ってきたフランスのことを思い出すと、家々はまったく個々バラバラに建っていて、しかも道はドイツほどしっかりできあがっていない。ところが、バラバラに建っている家というものは、全体からみると、そこに柔らかい雰囲気をかもし出していて、空の色までちがったように、柔らかく見えるのである。

そのことは、逆にドイツのなかを旅行していて、急にフランス領に入るときにも感じられる。まずまわりの空気がホッと柔らいだことに気がつく。おかしなことに、いままで走っていたドイツの道のほうが、整然としてゆき届いてはいるけれども、いま入り込んだフランスの道のほうが、細いにもかかわらず、なんとなく運転しやすいようにできていると感じるのである。これは何回やってもそう感じたし、ほかの人に聞いてもそう言っていたから、おそらくフランスの道というものは、ドイツのアウトバーンほどカッキリできていないけれども、角度とかなにかが自動車の走りやすいようにできているにちがいない。そして、家の並び方、村のつくり方はバラバラだけれども、バラバラのためにかえって柔らかく、ぼんやりと、いわゆるぼくたちがいうフランスふうな雰囲気がつくられているにちがいない。その二つの色のちがい、フランスとドイツのちがいというものは、まったくオーケストラにも当てはまるような気がする。

ところが今度アメリカのオーケストラに目を移してみよう。一口に言うなら、アメリカのオーケストラというのは、いろいろな国の人、たとえば、ドイツ人、フランス人、ロシア人、イタリア人、スペイン人などが、たくさんのアメリカ人のなかにバラバラに入っているから、そこにまた一種独特の空気を作っている。もちろんアメリカのオーケストラのなかでも、ボストン、ニューヨーク、フィラデルフィアと、まったくちがう色をもっているけれども、共通して言えることは、非常にメカニックが強いということである。非常に技術が高く、出す音が大きい。演奏者一人一人が非常に高度な技術をもっているから、音楽をつくるばあいに不可能ということはない。なんでも自分たちはできるという強い信念をもってオーケストラ活動をしているように、ぼくには思える。そして、それがそのオーケストラの持ち味ということになるかもしれない。ヨーロッパの古い伝統、古い歴史から生まれてくる音楽に対するアメリカの一つの持ち味、あるいはアメリカのオーケストラでなければもてないという強味になっているようだ。

さて、今あげた、オーケストラのメカニックということについて、もう少し話してみよう。ぼくの知っているオーケストラのなかで、いちばんメカニックが強いのは、実はベルリン・フィルハーモニーじゃないかと思う。ある人にそのことを話したら、いや、メカニックの強いのはニューヨーク・フィルハーモニーだろう、あるいはボストン・シンフォニー、フィラデルフィア・オーケストラ、要するにアメリカのオーケストラだろうと反発してきた。ところがぼくは、あくまでオーケストラは合奏の楽器だから、合奏したときにどういうことができるかということを、メカニックというのではないかと思う。合奏の能力、技術をメカニックというのではないかと思う。もちろんアメリカのオーケストラの個々のプレイヤーのなかには、技術的には世界一というのがたくさんいて、そういう一人一人のメカニックとしては強いかもしれないけれども、オーケストラとしてのメカニックは、ベルリンが強いと思う。ということは、アメリカのオーケストラは、個々には技術をもっているけれども、それが一つのオーケストラの力として、あるいはオーケストラの色として出てくるのではないような気がする。オーケストラの色を出すために、一つ一つの色があるというふうにはぼくには感じられない。例をとっていうとベルリン・フィルハーモニーは、極端にいえば、どんな指揮者が指揮しても、ベルリン・フィルハーモニーのもつアンサンブル、ベルリン・フィルハーモニーのもつレベルというものは崩れない。ところがアメリカのオーケストラは、いい指揮者が指揮すれば、すばらしくいいけれども、もし悪い指揮者が指揮したばあいには、アンサンブルまで崩れてしまうとぼくは感じる。そのこと自体は、少しフランスのオーケストラのそれと似ているように思うが、これは本質的になにかちがいがあるように思う。パリのオーケストラの特徴は、フランス人にしみわたった国民性からくるアンサンブルの乏しさだが、アメリカのオーケストラのばあいは、国民性というそんな深いところではなくて、オーケストラに対する音楽家の態度というものが、非常にビジネスに結びついているということらしい。いい指揮者がくればうまく合うし、悪い指揮者がくればうまく合わないというのは、自分のやっている音楽と、ビジネスとの結びつきの意識が強いからではないかとぼくは思う。

ぼくの指揮者としての立場から、非常に簡単な例を出してみると、指揮棒をオーケストラの前でポンと下ろしたとする。ベルリン・フィルハーモニーは、どんな下ろし方をしてもいい、いっしょに音が出る。すばらしいアンサンブルのオーケストラが鳴るだろう。ところがフランスのオーケストラは、どんなえらい人が指揮しても、一人一人の楽員の音がバラバラに出てくるにちがいない。だからアンサンブルとしてはわるいだろう。いい指揮者のばあいには、バラバラのアンサンブルできれいな音がし、悪い指揮者のばあいには、まったく同じくバラバラだけれども、ひどいバラバラさで、音楽も価値のない音が出てくるにちがいない。

一方アメリカのオーケストラは、いい指揮者が棒を下ろせばピタリと合うだろうし、へたな指揮者が下ろせばバラバラに出てくるにちがいない。ヨーロッパのオーケストラのように、自分のオーケストラやその伝統というものに対する誇りが少ないのだということかもしれない。そんなふうに音楽家一人一人が、自分が出す音とビジネスを非常に強く結びつけているので、ある人はそこに音楽的雰囲気が欠けているというかもしれない。だけれども、新しい曲、近代曲、現代曲を演奏したときの彼らの能力というものは、やはり、なるほどアメリカだとぼくらに思わせるほど、適切なオーケストラの音楽をそこにつくり出せるのである。

アメリカのオーケストラは、ビジネスに徹底しているために、オーケストラなのにストライキをする。ぼくが知っているかぎりでも、フィラデルフィアのオーケストラは、二、三週にわたってストライキをしたし、メトロポリタンのオーケストラもストライキをした。ぼくがいまいるニューヨーク・フィルハーモニーも、このあいだ十月に一週間のストライキをして、みんな大いにあわてた。これがもしヨーロッパで、オーケストラの楽員が一週間のストライキをしたといったら、まったく珍しいセンセーショナルな事件にちがいない。ところがアメリカでは、地下鉄の運転手のストライキ、あるいはバスの運転手のストライキと同じように、まったくふつうのストライキとして新聞も扱い、世の中の人も、ストライキをしているオーケストラの人も、そう思ってストライキを続けている。ぼくはずいぶん、音楽とストライキということについて不思議な感じをもったけれども、しばらくアメリカにいるうちにそのこともだんだんわかってくるにちがいない。

さて、そこで日本のオーケストラということになるけれども、ぼくは日本に三年ぶりに帰ってきて、日本のオーケストラが若返り、元気づいたということにたいへんおどろき、しかもたいへん嬉《うれ》しかった。そして日本のオーケストラは、ぼくの感じではどうやらアメリカ流に進歩していくんじゃないか。好むと好まざるとにかかわらず、アメリカ式のオーケストラに進んでいくんじゃないかという感じがした。それはなぜかというと、アメリカと日本に共通していることは、両方とも古いオーケストラの歴史というものがない。たとえばウィーンの、あるいはパリの、あるいはベルリンのそれのように。いま日本のオーケストラは、前進また前進と叫びながら進歩しているように、ぼくには感じられる。あと何年かけ足の前進が続くか、そして、そのかけ足の前進が止まったときにはどのようなオーケストラになっているかということは、ぼくにはよくわからないけれども、そのときに世界に伍《ご》していけるオーケストラになっていれば、たいへん嬉しいと思う。

日本のオーケストラが、どちらかといえばアメリカ式のオーケストラに発展していくにちがいないというのは、お互いにヨーロッパのオーケストラみたいな伝統をもっていないからだということはいま言った。それは逆にいえば、ヨーロッパのオーケストラは、伝統があるゆえに、伝統を自分たちがもっているゆえに、おのずからそこに限界を作っていて、新しいものをすることができないという制限をもっているかもしれない。ところがアメリカも日本も、その古い伝統をもっていないからなんでもできる。あるいは自分たちでこれからなにかつくりあげていこうという意欲があるために、そういう新しい意味での発展性、可能性というものをもっているんじゃないかとぼくは思う。ある人は、新しい発展のしかたに適しているアメリカのオーケストラ、日本のオーケストラには、匂いがない、雰囲気がないというかもしれない。けれどもぼくは、その雰囲気、匂いというものは、まったく伝統、古い歴史から出てくるもので、それを日本のオーケストラや、アメリカのオーケストラに要求することは、少し無理なんじゃないかと思う。ぼくたちはその匂い、あるいは雰囲気をもたないがゆえに、もっと自由な、広い可能性をもっているのだと、ぼくはそんなふうに感じている。

アメリカ演奏旅行

ぼくが二度目にアメリカへ行ったのは、ニューヨーク・フィルハーモニーの副指揮者に就任するためだ。副指揮者がどんな性格のものかというと、練習指揮をすることが第一。ほかに一年に四回ニューヨーク・フィルの公演を指揮し、また一年に二回、

ＣＢＳのテレビ番組に出演するのだ。そのほか、常任指揮者が事故のばあいには、いつでも代わって指揮棒を持たなければならない。これが副指揮者のおもな仕事だ。飛行機でニューヨークに着いたのだが、その日からもう忙しい仕事が待っているのには驚かされた。ただ宿舎がカーネギー・ホールの隣りなのが便利だ。十六階の部屋で寝て、二十三階の部屋でインタービュー、食堂はその上にあるという具合だ。外を出歩かなくてすむ。能率本位なところがいかにもアメリカらしい。

また練習や録音は隣りのカーネギー・ホールでやる。カーネギー・ホールでは三日間指揮をした。日本の作曲家、黛《まゆずみ》さんの曲「饗宴《きょうえん》」である。その批評がニューヨーク・タイムズに出ていたが好評だった。批評なんてどうでもいいと思っていても、なんとなく、ニコニコするものである。それを終えてから各地へ演奏旅行に発った。ニューヨークから汽車でアメリカ南部へ行き、それから飛行機でカナダへ行き、最後に日本へ行くという日程だ。

ほんの少しの差で兄貴の結婚式に間に合わない。飛んで帰りたいところだが、こう離れていて、しかも大事な仕事だからどうしようもない。ぼくはローマ字で祝電を打った。

三月三十日　ニューヨーク

「オデコアネキ　トシオアニキ　タカサゴヤ　イワイノサケセイジヒトリノム　コンゴモヨロシク　ネガイタシ　カイサクオヤジ　サクラオフクロ　ココロヨリ　オメデトウ　ナガイキシテクレ　セイジ」

汽車がニューヨークを出発するとすぐに忙しくなった。というのはバーンスタインがワシントンの近辺で行なった音楽会の後、体の調子が悪くなったので、ぼくたち、二人いる副指揮者に緊急の警戒体制が命じられた。すべてのレパートリーをいつでも指揮できるように整えておけというのだ。これはたいへんなことだ。今後何十回か開く予定になっている音楽会は、ほとんど全部プロが違うし、新曲もある。そのため汽車の中では眠ることはもちろん、外の景色を眺めるひまもなく、朝から晩までスコアと首っぴきの旅行が始まった。それでもどうにか全部のスコアに目を通すことができて、やれやれと思ったら、バーンスタインの病気が嘘《うそ》らしいことがわかった。結局副指揮者を訓練するための仮病であったのだ。おかげでこっちは損したのか得したのかわからない妙な気持ちだった。

演奏会の場所に着くと、副指揮者はマネージャーと一緒に会場へ行き、会場の様子を調べて来る。とくに音がどんなふうに響くかということは入念に調べなければならない。そうして音楽会が幕をあけるまではなんだかんだと用事がある。だからバーンスタインがステージに現われるとほっとして舞台の袖《そで》で演奏を聞く。演奏会が終わると、今度はその町の市長や知名の士がカクテル・パーティなどに全員を呼ぶ。もちろんぼくたち副指揮者も出席しなければならない。結局寝るのは夜中の一時か二時。それで翌朝は八時には朝食を食って汽車に乗っている。そういう毎日なので、初めのうちの一週間くらいは、これで体がもつかしらと真剣に心配したものだ。だいたい、ぼくは毎日七時間か八時間寝ないと体がおかしい。それなのにオーケストラの連中は二時に宿へ帰って来ても、六時には起きている。そして楽器を手入れする者、手紙を書く者、なかには散歩する者もあって、まったく余裕シャクシャクとしている。

また規則も自由なようでいて非常にやかましい。ぼくたち副指揮者には五十歳くらいのおばさんが一人、秘書としてついている。秘書というと体裁がいいが、実はおふくろのような監視役だ。ぼくたちが時間どおり練習場に現われるか、時間どおり目がさめるか、あるいはちゃんとボタンのついたワイシャツを着ているか、そういうことを監視している。パーティで愉快になり、どこかへ二次会に行こうとすると、彼女は

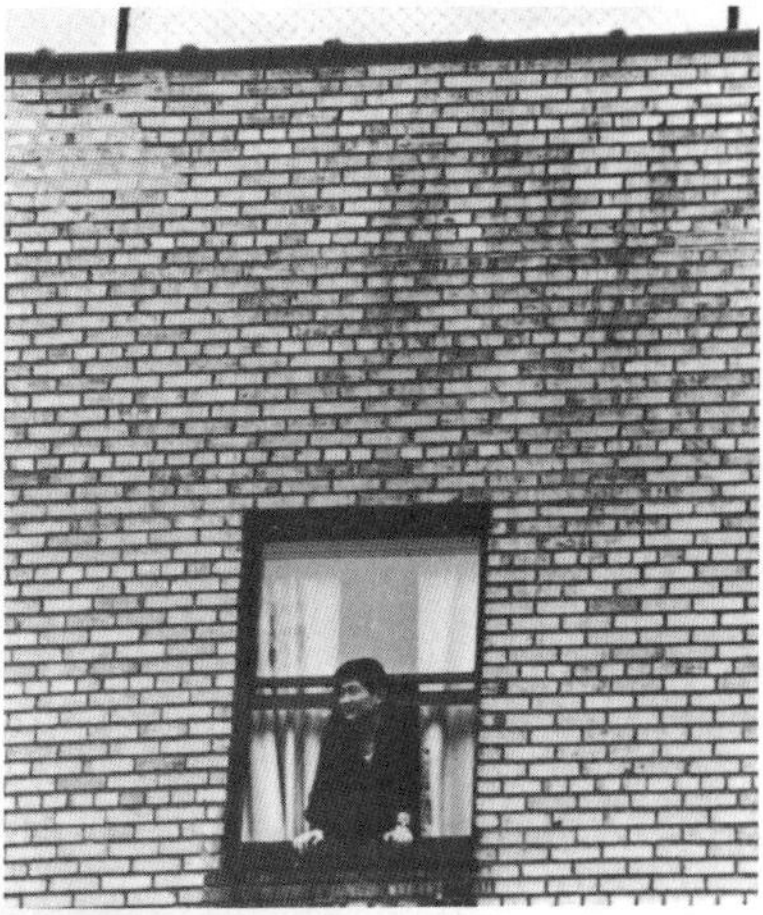

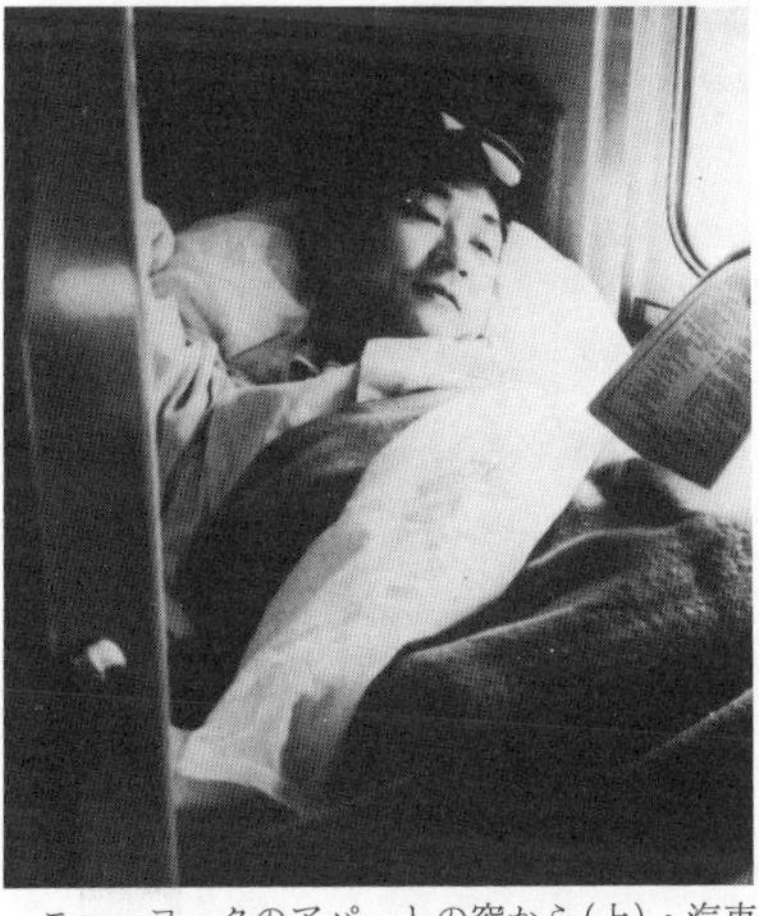

ニューヨークのアパートの窓から(上)・汽車の中でスコアを勉強(下)

どこからともなくすっと現われて、

「真《ま》っ直《す》ぐホテルへ帰らなければいけませんね」

と言って、強引にぼくたちをホテルへ送り込んでしまう。そして翌朝はまたいつもの時間に扉を叩《たた》きに来る。ぼくにはニューヨーク・フィルで彼女ほどこわい人物はいない。ぼくが列車の食堂車にワイシャツだけで行くと、すぐに追っかけて来て、

「上着を着なければいけません」

と、とりに帰らせる。ネクタイをしめないでいるとしめさせられる。そして二言目には、

「あなたは世界で一番いいオーケストラの一つであるニューヨーク・フィルの副指揮者だという自分の立場を忘れてはなりません」

と、にくらしいくらい丁寧な英語で言う。彼女はニューヨーク・フィルの中にあっては特異な人物として、団員みんなから知られている。ぼくが初めてニューヨーク・フィルへ行った時も、ある団員が、

「お前はなんの心配もする必要はないが、ただお前の秘書だけには気をつけなければならない。そうしないとやがてお前はあの女の言いなりになり、腑《ふぬ》抜けな息子同然になってしまうぞ。そして行儀がいいだけが取柄の、野心も覇気《はき》もないつまらない優等

生になってしまう」

と、ぼくに耳うちした。ぼくはまったくそのとおりだと思った。しかし彼女のおかげで、ぼくもだいぶ行儀がよくなったと自分では思っている。

つらいことばかりでなく、楽しいこともあった。楽しいことの方が多かったかもしれない。南部の町のコロンビアに行った時には、昼ごろ駅に着いた。演奏会は夜なので、たっぷり休養の時間があった。バーンスタインがぼくを呼んでいるというので行ってみると、

「セイジは馬に乗れるか？」

と、言うから、

「乗る物ならたいてい得意です」

と、答えると、

「そうだ、セイジはスクーターでヨーロッパを旅行したんだっけな。今日は馬に乗りに行こう」

町の郊外に大きな牧場があるんだそうで、そこへバーンスタインとぼくは自動車ででかけて行った。途中で大きな店を見つけると、バーンスタインはぼくを連れて入った。

「乗馬ズボンと靴はないか？」

と、バーンスタインは店員に聞いた。しかし大都会ではないので、レジャーに乗馬をする人もないらしい。結局、ジーンズの安いズボンと、先のとがったカウボーイのはくような半長靴を、バーンスタインは自分のとぼくのと二人分おそろいで買ってくれた。牧場に着くと、その町の音楽ファンだというきれいな奥さん連が三人待っていた。シックな乗馬服を着ていた。ぼくらのお相手をしてくれるのだそうだ。五人で近くの山や谷を走り回った。二、三時間は走ったはずだ。緑の草と青い空にはさまれて、久しぶりにきれいな空気をたくさん吸いこんで、とてもいい気持ちだった。演奏旅行の途中だということはすっかり忘れてしまった。バーンスタインも幸福そうに見えた。世界有数の名指揮者というより牧場のおやじのように見えた。もっともぼくはズボンの縫目が股《もも》の内側をこすり、赤くただれ、水ブクレができて、幾日もなおらなかった。久しぶりの乗馬のせいか、しばらく腰も痛かった。

汽車の中がよかったことも記しておこう。ニューヨークからは貸切りの列車に乗ったのだが、内部は一人一人の個室になっている。夜はボーイが来てベッドをこしらえてくれるし、便所も洗面所もそれぞれの室についている。ホテルと一緒に旅行しているようなもので、無精者には快適な旅行ができる。そのうえラジオもテレビもある。

日本への演奏旅行の途中、汽車の中で。ぼくの隣りはイスラエル出身の副指揮者シャピラ。

列車の後ろには一晩じゅう開いているバーがある。そのうえ、黒人のボーイがつきっきりで世話をしてくれる。まったく天国だ。南部へ来てから、汽車の中で明日の音楽会のプログラムのスコアを暗譜していたら、窓の外が白々と明け始めていた。空の一端が薄赤く輝き、その反射が緑の草原を神秘的な色に見せていた。しかも雄大きわまりないのだ。

　また飛行機で一気にバンクーバーに飛んだ時は、ちょうど夜で、真暗な海の向こうに町の灯《ひ》がイルミネーションのようにきらきら輝いているのを見た。その時の感動も忘れられない。それは数日後に着く日本のことを思っての感動も含まれていたかもしれない。きゅっと胸がしめつけられるようだった。

バンクーバーの音楽堂でぼくは日本公演のために、オーケストラの人に「君が代」の練習をつけた。「君が代」がこんなにいいものだとは今まで思いもしなかった。練習をつけながら感激していた。ぼくは日本にいたころ、「君が代」をまじめに歌ったことはない。歌う前は、ちょっと照れくさかった。しかしひとたび歌い出すと、自分でも不思議に思うほど気持ちが変わっていった。誰でも自分の肉親や家を愛するように、自分の国を愛するものらしい。若い人で、

「俺は日本なんてケチクサい国は大嫌いだ」

と、よく言う人がある。ぼくも今までに三度くらい言ったかもしれない。しかし外国へ来てみると、きっと日本が好きになる。しかしなんといっても「君が代」はテンポがのろい。これには皆へイコウしていたようだ。しかしぼくの熱意が通じたものか、日本へ着くころには非常に渋みのある「君が代」を演奏するようになった。

日本へ帰って

日本へ帰って

スクーターを唯一《ゆいいつ》の財産として神戸から貨物船に乗りこみ、マルセイユからパリまでたどりつき、フランス国内、アメリカ、ドイツ、そしてふたたびアメリカへと回って、いよいよ約二年半ぶりになつかしい日本へ帰ることになった。ただ嬉《うれ》しさでいっぱいだ。ぼくは飛行機の中でもよほど落ち着かなかったとみえて、あとで同僚のイスラエル出身の副指揮者に、

「セイジは羽田に着く二時間も前から、まるで動物のように飛行機の中を動きまわっていた」と言われてしまった。

四月二十四日午前十時、ＪＡＬのニューヨーク・フィル特別機で羽田に着いた。ハッチが開けられると、メンバーの連中がみんな、

「あれがおふくろ。その隣りがおやじさん……」

「セイジ、お前が最初に降りるんだ!」

と言って、ぼくを先頭にしてくれた。

土の上に降りると、いるいる。遠くの出迎えフィンガーにかなりの人がいる。きっとあの中におやじさんやおふくろさんも来てくれてるにちがいない。だが全員が機内から出て来て、記念撮影がすむまで、ぼくはじっとしていなければならなかった。それがすんだらもう我慢できなくなって、ゾロゾロと歩いている連中の間を縫って走った。

フィンガーの真下。いた、お母さんだ。おやじさんだ。ポンだ。兄貴たちだ。そして、変てこなノボリをおっ立ててなつかしいコーラス仲間の「城の音」の面々。シミキン、ゲス、礼坊、オデコ、マーチャン、安生《あんじょう》……。ニューヨーク・フィルの連中もぼくのまわりに立ちどまって手を振っている。突然バーンスタインが、ぼくの首っ玉にとびついて来た。ぼくは危うく倒れるところだった。

「セイジ！　セイジ！　よかったな、よかったな！」

首が抜けるくらいぼくを抱きしめて、そう言ってくれた。ぼくは言葉が出なかった。それからしばらくの間、ぼくはバーンスタインの黒マントに抱かれたまま、一人一人指さしながら彼に教えていった。

「あれがおふくろ。その隣りがおやじさん……」

税関を終えてロビーに出て来たら、みんな入口で待っていてくれた。ノボリが立っている。よく見たら、スキーのストックに布をしばりつけてある。こいつらとよくスキーに行ったっけなあ……。

斎藤秀雄《ひでお》先生も来てくださっていた。ぼくはさっそくバーンスタインに紹介した。合唱がひびきはじめた。「夕焼け小焼け」「よく訪ねてくれたね」。みんななつかしい歌だ。東京駅をたつときにもこの連中が歌ってくれたっけ。隣りに立っていたバーンスタインがぼくに言った。

「あれはセイジの友だちかい？」

「うん」

「そうか、お前はしあわせな奴《やつ》だなあ」

とりあえず、ニューヨーク・フィルハーモニーの一行百二十五人と宿舎の東急ホテルへ行った。

日本に帰って来て印象的なのは、スシがうまかったことだ。あまりうまいので、同じスシ屋に十日ほど続けてかよった。久しぶりに食うスシのうまさに感激したあまり、夢中でかよったのだ。

ともかく、日本ほどうまい物を食わせる店が沢山あるところはあるまい。しかし日本料理にかぎらず、フランス料理、英国料理、中国料理から、ハンガリー料理、インドネシア料理まであるのだ。そのうえ、そこには一流の腕前を持ったコックがいる。日本ほど贅沢《ぜいたく》で便利な国はあるまい。その日本へ二年半ぶりで帰り、日比谷《ひびや》公会堂で日本フィルハーモニー定期演奏会で客演指揮できたのは、なんといっても感激だ。さいわいに好評を得たことも嬉しかった。

外国の音楽界を見て回り、いま、日本に戻ってみると、日本の音楽界について気になることがある。それは、欧米では音楽家は音楽のことだけを考えていればいいということだ。それ以外のことを何も心配する必要がない。ところが日本では、対人的な感情、派閥、コネ――これらのことを無視しては世に出られないということである。それだけ日本が貧乏国であり、音楽のマーケットが狭く、音楽ファンが少ないからだということもいえる。

日本へ帰って来ても、忙しいことはアメリカにいる時とあまり変わらない。リハーサルがないと思えばテレビの中継があるという具合だ。忙しく飛び回るからシャツもよごれる。トランクには毎日ワイシャツと下着をそれぞれ二枚ずつ入れておく。ときには下着を裏返しに着ていることを気づかないこともある。

ひまをみて、一度母校の桐朋《とうほう》を訪れた。二年半会わぬ間に、入野義朗先生も平島正郎先生も太られて貫禄《かんろく》が出られたようだ。そればかりではない。学校も大きくなった。しかし大きくなるだけがいいものではない。人間を見ても、おとなになると子供のころのいちずな心が失われる。雑音を気にして純粋でなくなる。今の桐朋がそうだとはいわない。ただぼくらがいたころは、教室にやって来る先生たちの熱意が肌にひたひたと伝わるように感じられた。それが果して、今日も感じられるかどうかということだ。もし感じられないとしたら、それは大きくなった建物以上に、そこに学んでいる学生のせいだ。

歌舞伎座でのバーンスタイン(左)と中村勘三郎丈(右)

それでは昔と変わらぬ気持ちで、情熱をもって生徒たちを指導している入野先生はじめ、先生方が気の毒だ。ぼくは桐朋に行ってみて、率直にそういうことを感じた。

今度はバーンスタインやニューヨーク・フィルと一緒に来たのだが、東海道の海辺の古い宿屋に泊まった時、バーンスタインが言ったこと——それは前述したはずだが、もう一度書いておこう。

「セイジ、お前は幸福な奴だ。こんな美しい国で育ったなんて……。それなのになんでニューヨークなどに住む気になったんだい?」

ぼくも日本を美しいと思わないわけではない。ただ西洋の音楽を知りたくて飛び出して行ったのだ。その結果、西洋の音楽のよさを知り、また日本の美しさも知るようになった。ぼくはけっして無駄ではなかったと思っている。それどころか、今後も日本の若者がどしどし外国へ行って新しい知識を得、また反省する機会を得てもらいたいと思っている。

今後のこと

四月にニューヨーク・フィルハーモニーと一緒に来てから、五カ月日本に滞在したわけだ。秋のシーズン前にニューヨークへ行く。予定としては九月末にカナダ、ワシントン、ボストンでの公演がある。曲目はストラヴィンスキーの「兵士の物語」、コープランドの「エル・サロン・メヒコ」等。定期演奏会は十月から始まるが、なにしろ向こうは週四回、一カ月で十六回、それを一九六二年の五月まで続けるのだ。日本の様子とはだいぶ違う。

日本では予定よりだいぶ多く指揮をした。三日に一度くらいはやったのではないかと思う。その中で印象に残ったのは日本フィルとN響であった。桐朋学園オーケストラもよく訓練されていた。ただ少し型にはまり過ぎている。学校も大きくなったのだから、もっと大きな所を狙《ねら》ってほしい。日本のオーケストラ全体についていえることは、昔より若くなったということだ。桐朋はもちろん学生だから若いが、日フィルもN響も若い。その中に年輩の人がいても、音楽する気持ちが若くなったということを、ぼくは今度指揮して痛切に感じた。それだけ無限の可能性があるわけだ。

ぼくは契約があるので、一九六二年五月まではニューヨーク・フィルの副指揮者を続ける。副指揮者をやっているとまったく食べるのには困らない。しかしいろいろと大変だし、またあまりニューヨーク・フィルの型にはまることもこわいので、契約を切ることができたらフリーになるつもりだ。バーンスタインもそれを快く受けいれて、

「またニューヨーク・フィルが恋しくなったら、いつでも戻って来いよ」

と言ってくれる。

来年はスイス、パリ、ロンドン、それにアメリカ国内で指揮する契約がある。その他メキシコやブラジルからも招かれている。またアメリカのコロムビア・アーティスト・マネージメントとも五年間の契約をした。日本のオーケストラも指揮したいし、今度できあがる日生劇場の音楽アイディアマンになる話もある。しかしぼくは今までの三年間をふりかえってみると、そのさきどうなるかという見通しがなく、その場その場でふりかかってきたことを、精いっぱいやって、自分にできるかぎりのいい音楽をすることによって、いろんなことがなんとか運んできた。これから、あと五年さき、

十年さきにぼくがどうなっているかということは、ぼくにはまったく予測がつかないけれども、ただぼくが願っていることは、いい音楽を精いっぱい作りたいということだけだ。

あとがき

もしこの本を終わりまで続んでくださった方があったとしたら、ぼくはその方にたいへんお礼を言わなければならないと思うのです。なぜといって、ぼくたち音楽家が字を書いて、本を作りあげるということ自体、ずいぶん無理があるし、本来不可能に近いことだからです。

もちろん、その音楽家が一生音楽をやり通して、死ぬ間際《まぎわ》に自分の一生を振り返って本を書くというのなら、またその価値があるでしょうけれども、ぼくのばあいは、まだ音楽家としてはかけ出しなのです。そのぼくが本を書いたというのは、ぼくがこの三年間ばかりのあいだに、自分でもグルグル目が回るほどいろいろなところを動いて回ったということ、そしてそのことを本にしてみないかと、音楽之友《おんがくのとも》社がすすめてくださったということが、この本を書いた理由になるでしょう。

ところで、もしあなたが今日一日あったこと、あるいは三日間の遠足で起こったことを話しなさいと言われれば、簡単なことだと思うでしょうが、もし、この一年にあったことを書いてみろと言われたとします。一年は三百六十五日あって、その一日一日が着実に自分の目の前に現われて、そして消えていく。それをあとから振り返って書くということは、そのこと自体が、小説家、文筆家の職業に入ってくると思うのです。

ぼくがこの三年間に起こったことを書けといわれたときに、いちばん困ったのはこのことです。いま振り返ってみると、いろいろ面白いことがあったり、あるいはいい思い出があったり、目新しいことに目がギョロギョロしたり、目が回るほど新しいものを見て感動したことを思い出しますが、その日その日を思い出そうとすると、朝、目が覚めて、どこかで朝御飯を食べて、どこかで体を動かして、時間がたつのに体を任せて、夜寝るときはどこか別な場所で寝ていたという、平凡な一日しか浮かんでこないのです。

スクーター旅行について言っても、スクーターで走っているときは、その一分一分に、べつに本に書けるような目新しいこと、珍しいことが起こっていたわけではないのですけれども、あとになって考えると、まったくその前には考えもせず、いま考えても、どうしてあんなことになったのかと思うようなことがいつのまにか起こっていたわけです。

そんなわけで、三百六十五日にきまっている一年を、なんらかの形で一冊の本にまとめなければならないということ自体、ずいぶん戸惑ってしまう。手紙を書くのさえ億劫《おっくう》なぼくには、まったく戸惑ってしまう仕事でした。

それをなんとか本にしてくれたのは、まったくまわりの人のおかげで、とくに文中に出てくるポン、これはぼくの弟の幹雄ですが、そのポンが、ぼくが外国から自分の両親、兄弟、友だちに出した手紙をぜんぶとっておいてくれて、それを一冊のノートに書き写してくれたのです。そしてぼくが日本に帰ってきたときに、その大学ノートをぼくの目の前に差し出してくれたので、まったく自分の日記帳みたいにそれを追って、なんとか自分がやってきたことや、そのまわりのことを思い出すことができ、それをダラダラと本にしたというのが、この本をぼくが書けた裏話です。

ですけれども、この裏話にはまた裏話があって、音楽之友社の中曾根さん、水野さん、このお二人のたいへんな努力がなかったらこの本はとても出来あがらなかったでしょう。まったくぼくが想像するに、彼らが作った本のなかで、これほど世話のやけた著者はいなかっただろうと思います。それでも彼らは我慢してやってくださいましたし、ぼくの文を助けて下さった北さんにも、たいへん感謝をしております。

それからまた、原稿がだんだんできあがってくるにしたがって、さっき出てきたポンや、それからぼくのうちの人たちみんなが、ここは長すぎるとか、言葉がおかしいとか、いろいろ意見を言ってくれたり、めんどうな校正をやってくれたりして、そのなかで、ぼくがオロオロしながら本ができあがったというわけです。

ぼくはこの本を読み直していると、そこから出てくる思い出、あるいはそのときの風景が目の前に浮かんできて、たいへん楽しいのですが、ぼく以外の他人が読んでも、目に浮かぶわけではないでしょうから、この本はあるいは、ぼくだけのための本と言えるかもしれません。その点についても、読んで下さった方にはたいへん申しわけなく思っております。

日本から外国に行くということは、将来は変わるでしょうけれども、いまは非常にむずかしいことの一つとされています。ぼくはそのなかで、非常に幸運だった者の一人ですけれども、これから先きそのむずかしい問題を通り抜けて外国に行く日本の若い音楽学生、ぼくたちの仲間の音楽家たちのために、いい点にしろ、悪い点にしろ、少しでも参考になれば、幸いだと思っています。

（昭和三十七年二月）

解説

萩元晴彦

『ボクの音楽武者修行』は、一九六一年、当時二十六歳だった小澤征爾によって書かれ、翌年音楽之友社から初版が刊行された。まことに比類のない、みずみずしい青春の書である。

音楽家自身が書いた本は数多い。そのほとんどが素晴らしいものだ。だがその大部分は、巨匠といわれる大家たちの回想録であり、人間的にも年輪を加え、円熟の境地に達した人びとのものだ。いわばゴールに到達した長距離ランナーが、激しかったレースを振り返って語っている感がある。

一方、回想録の対極に立つものとして、後世の史家・研究家が、資料を蒐集《しゅうしゅう》して編んだものもある。好個の例がモーツァルトの書翰集《しょかんしゅう》だろう。

三十五歳で世を去った天才は、自身の手紙が公開されることなどはまったく予期せず、父や母や友人に宛《あ》てて、まるで小鳥の囀《さえず》りのように自由に書き綴《つづ》った。まさしくそれは、モーツァルトの貴重なドキュメントである。

『ボクの音楽武者修行』は、そのいずれのカテゴリーにも属さない、異色の著書である。著者はまだ二十六歳。いくつかの国際コンクールで優勝し、ニューヨーク・フィルの副指揮者に就任したばかりだ。当時の日本の音楽界では、それはニュースと形容するにたる事件ではあったが、国際的な基準で見るなら、何ほどのものでもない。

小澤征爾は、〈音楽〉という、ゴールの地点すら見定めることもできない、涯《はて》しないレースのスタートを切ったばかりだった。彼は生涯つづく長距離レースの、ほんの最初の数キロを、まるで百メートルランナーのように疾走していた。

本書を読めば、疾走している人間の、鼓動や吐息が聞えてこよう。それればかりか私たち読者は、あたかも小澤征爾とともに、レースを疾走しているかのような気持に捉《とら》えられるのである。

耳なれぬものだが、彼は〈共生感〉という言葉をしばしば用いる。いい音楽を作ることができたときに感じる「共に生きているのだ」という実感を表現したものだが、すべての読者は彼にこの〈共生感〉を感じるにちがいない。

比類のない、みずみずしい青春の書だと私が想定するのは、当時の小澤征爾が青春期を生きていたからではなく、本書が読者の胸に熱い青春の鼓動を打たせるからである。青春とは年齢の謂《いい》ではない。

初版のあとがきに彼自身も書いているように、本書の底本はヨーロッパ、アメリカから、彼が家族に書き送った手紙である。引用されたものばかりでなく、大切に保存されていたすべての手紙を通読して、私が何よりも心打たれたのは、彼の家族に対する優しい思いやりだ。優しさは小澤征爾を理解する、重要な手がかりである。

今回、ぼくの準備は完璧《かんぺき》そのもので、考えようによっては大名旅行だから、うちで心配することはないでしょう。それより、うちの方こそ健全財政になるよう気をつけるべきで、その日財政は気分がくたびれます。（'59・2・20　淡路山丸船上にて）

多少の解説が必要かも知れない。当時の小澤家は裕福ではなかった。

本書にもあるように父親の開作氏は、満州国建設に情熱を燃やした、国士のような人物であった。引き揚げたのちも本業の歯科医に戻ろうとはせず、裕福はおろか一家は貧窮のなかにいた。

だが小澤征爾の回想によれば、「家中大陸育ちのためか、一日食べるものがあれば幸福だった」

苺《いちご》を一箱買うことができても、一家六人では一人あたりせいぜい三粒。花林糖一袋買っても五つか六つ渡るだけだったが「こんなに美味《おい》しいものが世の中にあったのか」と感謝したという。いまでも花林糖は小澤征爾の好物である。

こんな経済状態で、子供たちは成城学園という「坊《ぼっ》ちゃん学校」へ入学し、小澤征爾はピアノの勉強も始める。師は豊増《とよます》昇氏。町のピアノ教室の先生とは訳がちがう。

また、学期末には「右の者学費未納につき……」と掲示板に貼《は》り出される常連だったが、兄弟全員が少しも卑屈にならず、のびのびと個性を生かして育ったことも見落してはならない。つまり小澤家は、のちに桐朋《とうほう》学園に進んだ小澤征爾が、指揮の〈天才少年〉として認められたからヨーロッパ留学に送り出したのではなく、経済状態がどうあれ、家族全員が個性的に生きるのが当然だという〈家風〉があったのだ。だいいち小澤征爾は、〈天才少年〉などではなかった。

私は〈家風〉という古めかしい言葉を使った。だが本書が執筆されて二十年、現在小澤征爾が音楽監督であるボストン交響楽団の〈家風〉もこれと同じであると言いたいのだ。指揮者が絶対君主として存在するのではなく、百人の楽員が個性的であることと——それはここ数年リハーサルにおいて、彼がオーケストラに希望する言葉からも、うかがい知ることができる。

「室内楽のように弾いて下さい！」

室内楽奏者とは、機械のように、歯車のように与えられた楽譜を演奏するのではない。個性的なソリストの集合体が、個性を発揮して自己の音楽を披瀝《ひれき》し、たがいに「聞き合って」音楽を創造する。小澤征爾はオーケストラの理想とは、室内楽奏者の集合体だと考え、その理想はボストン交響楽団で、次第に実現しつつあるといって過言ではない。

だから意識したか否《いな》かはともかく、彼が書き送った手紙で示されている家族への優しい思いやりは、ようやく開作氏が歯科医を開業したとはいえ、まだその日財政だった家から、自分だけが留学することの引目からではなく、個性的な室内楽奏者が、ほかのメンバーの奏《かな》でる音楽に、心を配って聞き入っていることを意味する。感傷的な優しさではなく、いわば同志への明るい励ましと呼びかけなのだ。

　おふくろの誕生日おめでとう。ボクはおやじの誕生日の十二月二十五日とポンの誕生日の十月二十四日だけは覚えている。ポンの誕生日を知っているのは、ポンが小さい時、よく十月二十四日を待ちどおしがっていたのを覚えているからだ。兄貴たちの誕生日を教えてくれ。つい忘れてしまって申しわけない。というのは誕生日がわかれば、その日に間に合うように何かを送りたいと思う。安い物でも、パリじゅうをスクーターで回れば、何か珍しい物が手に入るはずだ。（弟宛て　'60・2・16　パリにて）

新年おめでとう、寄せ書きありがとう。

うちの台所で酒が飲みたい。どんな立派なキャバレーで飲んだ酒よりも、うちの狭い台所で飲んだ酒の味が忘れられない。

おふくろさんが腰を打ったとかいうことだが、大丈夫？　大の息子を四人（今は三人だけど）持ってるんだから、軽々しく高い所へ上がったりしないでください。野郎どもを大いに使うべしだ。（中略）スキーから帰って来たら、ニューヨーク・フィルの副指揮者に任命されていた。実に嬉《うれ》しくて、飛び上がってあわててブドー酒を飲んだ。（'61・1・6　パリにて）

ベルリンに来ている。ベルリンも今年はこれが最後かもしれないので、挨拶《あいさつ》やらなにやら雑用が多くてまいる。田中（路子《みちこ》）さんは夫婦そろって親切なので感謝している。田中さんは長年ヨーロッパにいた人に似合わず、非常に日本的、また家庭的だ。ボクのところへ来た江戸さんやおふくろさんからの手紙を読んでは、自分のことのように喜んでくれるんだよ。

昨年の九月、この写真のテレビ塔の下にあるベルリンの放送スタジオで、ニューヨーク・フィルのバーンスタインに初めて会ったんだ。

（'61・1・13　ベルリンにて　絵葉書）

引用をつづければ際限がない。文章は短いが、真率で心がこもっている。小澤征爾はいまでは多忙なスケデュールであまり手紙は書かぬようだが、日本を離れて一人で海外にいるとき東京の家族へ国際電話を欠かさない。世界中で、個人払いの電話料金を最も多額に支払っているのが彼ではないか。

ところで最後の手紙の田中路子さんとは、もちろん本書に登場するソプラノ歌手で、小澤征爾ばかりではなく、多くの日本人音楽家の世話をされたことでも知られている。

私は79年から80年にかけて、ラジオ番組「小澤征爾の世界」取材のため、本書に登場する彼と重要な出会いを持った人物の大部分を訪れた。そして驚くべきことを発見した。

田中路子さんは語っている。初めて無名の小澤征爾が彼女の家を訪ねたとき、夫君のデ・コーバ氏（ドイツ人俳優・演出家）は、「彼は日本人として初めて国際的指揮者となる」と断言してはばからなかったという。ブザンソンで優勝する以前のことだ。また、そのブザンソンのコンクールを受験するにあたり、協力を惜しまなかったパリのアメリカ大使館員マダム・ド・カッサ――ある意味では彼女の存在がなければ、小澤征爾の現在はちがったものになっていたかも知れない――は、部下に「この青年はコンクールで優勝するでしょう」と予言している。

このようなエピソードは、伝説としてスターにつきものである。だが私が取材した限り、あらゆる人物が初対面の小澤征爾に、同じような印象を持ったのは、やはり特記するにたる出来事ではないだろうか。

『ボクの音楽武者修行』は、彼がニューヨーク・フィルと共に、日本に錦《にしき》を飾るところで幕が閉じられている。前述したように、この程度のキャリアはとるに足らない。以後、小澤征爾はさまざまな辛酸をなめるのだが、例えば本書が書かれたのち、彼にとって飛躍の契機となったのは、シカゴのラヴィニア音楽祭の音楽監督のポストを手に入れたことだった。

会長のラドキン氏は、小澤征爾のマネージャーに「日本人指揮者だけは困る」とくり返した。彼はジョルジュ・プレートルの事故で代役を探していたのだった。けれどもほかには代役はいなかった。二日後に現われた小澤征爾のリハーサルを聞いて、ラドキン氏はこう言った。

「この音楽祭を君にあげよう」

79年冬、私がシカゴを訪れて出会ったラドキン氏は、八十歳を過ぎた老人だった。そしてこのエピソードだけではなく、私にとってはさらに驚くべき事実を知ったのである。

それは小澤征爾がサンフランシスコ響やボストン響の音楽監督に就任したとき、そのオープニングコンサートに、ラドキン氏ばかりでなく、例えば本書でしきりに叱言《こごと》を言われていたとあるニューヨーク・フィルの女性秘書であったヘレン・コーツさんなど、何人もの人びとを招いたというのだ。航空運賃もホテル代も彼自身が負担して。

これは当り前のことだ、わざわざ書くまでもないことだと読者は思うかも知れない。彼自身もそう思うにちがいない。彼の羞《は》じらいにみちた笑顔を私は思い浮べる。けれども当り前のことができる人間を私は尊敬するのだ。そして彼はそれを自分の利害を計算してではなく、心からの感謝の気持ちを表現するために行なったのである。

「こういう人はほんとに少ないわよ」と田中路子さんは呟《つぶや》いた。

最後につけ加えたい。私は優しさが小澤征爾を理解する手がかりと書いた。〈優しさ〉とはまた当節若者の流行語ですらある。優しい人間はどこにもいる。だが小澤征爾がアメリカ、ヨーロッパの真に実力だけが問われる音楽界という競争社会のなかで、その優しさを失わなかったばかりか、勁《つよ》さを兼ね備えて成長したことを読者は知らねばならない。

本書が書かれた直前、小澤征爾が契約したコロムビア・アーチストの担当マネージャーはロナルド・ウィルフォードという人物だ。彼は小澤征爾と共に成長し、現在同社の代表だが、もっとも印象に残る出来事はという私の質問に答えてこう言った。

「All makes me cry」

どれもが泣けてくるようなこと——。

『ボクの音楽武者修行』から二十年。その後の物語は、いずれ小澤征爾自身が、或《あ》るいは誰かによって書かれるだろう。

私たち読者はそれを切望しないわけにはいかないのである。

（昭和五十五年六月、プロデューサー）

この作品は昭和三十七年四月音楽之友社より刊行された。

小澤征爾・武満徹 著
音楽
音楽との出会い、恩師カラヤンやストラヴィンスキーのこと、現代音楽の可能性——日本を代表する音楽家二人の鋭い提言。写真多数。

小澤征爾・広中平祐 著
やわらかな心をもつ
―ぼくたちふたりの運・鈍・根―
我々に最も必要なのはナイーブな精神とオリジナリティ、即ち〈やわらかな心〉だ。芸術・学問から教育問題まで率直自由に語り合う。

フルトヴェングラー
芳賀檀 訳
音と言葉
ベルリン・フィルやヴィーン・フィルでの名演奏によって今や神話的存在にまでなった大指揮者が〈音楽〉について語った感銘深い評論。

小林秀雄 著
モオツァルト・無常という事
批評という形式に潜むあらゆる可能性を提示する「モオツァルト」、自らの宿命のかなしい主調音を奏でる連作「無常という事」等14編。

茂木大輔 著
オーケストラ楽器別人間学
ホルン奏者は山国育ちで、ファゴット奏者はお人好しになる。あなたの運命は楽器が決めていた！ 人気オケマンの爆笑人間学。

渋谷陽一 著
ロック
ベスト・アルバム・セレクション
ビートルズ、レッド・ツェッペリン、そしてプリンス、U2。名盤435枚でロックの歴史をたどる決定版バイヤーズ・ガイド。

妹尾河童著　河童が覗いたヨーロッパ

あらゆることを興味の対象にして、一年間で歩いた国は22カ国。泊った部屋は115室。旺盛な好奇心で覗いた〝手描き〟のヨーロッパ。

妹尾河童著　河童が覗いたニッポン

地下鉄工事から皇居、はては角栄邸まで……。「ニッポン」の津々浦々を興味の赴くままに訪ね歩いて〝手描き〟で覗いたシリーズ第二弾。

妹尾河童著　河童が覗いたインド

スケッチブックと巻き尺を携えて、〝覗きの河童〟が見てきた知られざるインド。空前絶後、全編〝手描き〟のインド読本決定版。

妹尾河童著　河童の手のうち幕の内

とっておきの河童の秘密と〝覗き〟のコツを大公開！　どこを食べても楽しくおいしい、盛り沢山の極上弁当。細密イラストいっぱい。

妹尾河童著　少年H（上・下）

「H」と呼ばれた少年が、子供の目でみつめていた〝あの戦争〟を鮮やかに伝えてくれる！笑いと涙に包まれた感動の大ベストセラー。

立花隆＋東京大学教養学部立花隆ゼミ著　二十歳のころ（Ⅰ 1937～1958）（Ⅱ 1960～2001）

「二十歳のころ何してましたか？」立花ゼミ生が各界70人を直撃！二十歳になる人、二十歳だった人、すべてに贈る人生の必読本。

村上春樹著
神の子どもたちはみな踊る

一九九五年一月、地震はすべてを壊滅させた。そして二月、人々の内なる廃墟が静かに共振する——。深い闇の中に光を放つ六つの物語。

村上春樹著
もし僕らのことばがウィスキーであったなら

アイラ島で蒸溜所を訪れる。アイルランドでパブをはしごする。二大聖地で出会ったウィスキーと人と——。芳醇かつ静謐なエッセイ。

村上春樹著
螢・納屋を焼く・その他の短編

もう戻っては来ないあの時の、まなざし、語らい、想い、そして痛み。静閑なリリシズムと奇妙なユーモア感覚が交錯する短編7作。

山田詠美著
ベッドタイムアイズ・指の戯れ・ジェシーの背骨
文藝賞受賞

視線が交り、愛が始まった。クラブ歌手キムと黒人兵スプーン。狂おしい愛のかたちを描くデビュー作など、著者初期の輝かしい三編。

山田詠美著
蝶々の纏足・風葬の教室
平林たい子賞受賞

私の心を支配する美しき親友への反逆。教室の中で生贄となっていく転校生の復讐。少女が女に変身してゆく多感な思春期を描く3編。

山田詠美著
アニマル・ロジック
泉鏡花賞受賞

黒い肌の美しき野獣、ヤスミン。人間動物園、マンハッタンに棲息中。信じるものは、五感のせつなさ……。物語の奔流、一千枚の愉悦。

ボクの音《おん》楽《がく》武《む》者《しゃ》修行《しゅぎょう》

新潮文庫　お－14－1

昭和五十五年七月二十五日　発行
平成十四年十一月二十日　三十一刷改版
平成十七年六月十日　三十八刷

著者　小《お》澤《ざわ》征《せい》爾《じ》

発行者　佐藤隆信

発行所　株式会社新潮社
郵便番号　一六二—八七一一
東京都新宿区矢来町七一
電話 編集部(〇三)三二六六—五四四〇
読者係(〇三)三二六六—五一一一
http://www.shinchosha.co.jp

価格はカバーに表示してあります。

乱丁・落丁本は、ご面倒ですが小社読者係宛ご送付ください。送料小社負担にてお取替えいたします。

印刷・株式会社光邦　製本・憲専堂製本株式会社

ISBN4-10-122801-9 C0173